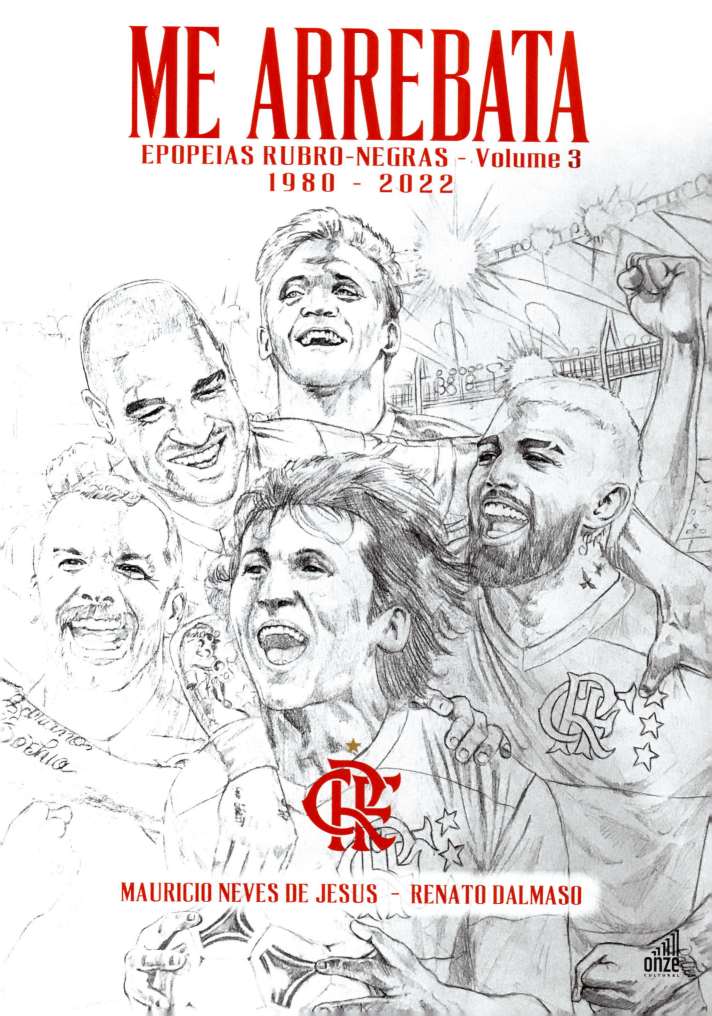

ENQUANTO EU ME PREPARAVA PARA INICIAR O TEXTO DE ABERTURA do terceiro volume de *Me Arrebata*, impactado pela medalha de ouro de Rebeca Andrade neste 5 de agosto de 2024, chegou a mim a notícia da morte de Adílio. Escrevo sem enxugar o rosto. Não há conforto possível nesta hora, mas decidi escrever mesmo assim. Nas páginas a seguir, está o Adílio da eternidade, do sorriso fácil, do drible que escorria fluído como agora escorrem as lágrimas. Está o Adílio pleno e imortal, e não importa se caio em contradição. E também está Rebeca, cujo sorriso me diz que a vida continua.

Adílio foi o primeiro jogador do Flamengo com quem tive contato. O time veio fazer um amistoso em minha cidade e meu pai foi convidado para entregar uma lembrança ao jovem craque. Eu tinha quatro anos e lembro que era um chaveiro prateado, acho que em forma de sino, onde se lia: "LAGES, SC, 1977". Eu olhava admirado para Adílio quando ele passou a mão na minha cabeça e deu um conselho: "Tem que estudar, hein, garoto?"

Trinta anos depois, Adílio era o técnico dos juniores do Flamengo e fui com meu amigo, Eduardo Vinicius de Souza, assistir a um jogo da categoria na Rua Bariri, no sol do meio-dia. Eduardo precisava pegar o autógrafo de Adílio, a quem bem conhecia, na camisa rubro-negra de um amigo. Fui junto e contei a história de 1977. "Se você ainda lembra é porque seguiu o conselho, amigo", riu Adílio. Nunca esqueci o conselho. E nem que ele me chamou de amigo.

Este texto começaria justamente falando que Eduardo Vinicius não está mais entre nós, desde 27 de junho de 2024. Grande-Benemérito do Clube, Curador do Museu Flamengo, Eduardo era e é maior do que qualquer título ou cargo. O maior amor ao Flamengo que conheci. E eu diria que não lembro mais como é ser rubro-negro sem ele, e terei que dar conta de ser rubro-negro sem ele e sem Adílio.

Ou não.

Eduardo sempre estará com o Flamengo. Adílio sempre estará com o Flamengo. Assim como outros que estão em Me Arrebata. Gilberto Cardoso. Reyes. Geraldo. Coutinho. Domingo Bosco. Figueiredo. Os meninos do Ninho. Talvez esta obra seja para dizer que o Flamengo é o nosso modo de permanência, geração após geração. Quando você, leitor, chegar aos quadrinhos onde está Adílio, ele terá driblado a morte.

Me Arrebata, a HQ, foi feita com o peito aberto. Por mim e pelo Renato Dalmaso em suas madrugadas insones. Pelo Marco Piovan, que se emocionou desde o primeiro instante, como se fosse o Vinicius de Moraes de *O Haver*, dizendo que "resta essa vontade de chorar diante da beleza", e como é belo o que Dalmaso fez aqui. Como é belo esse Flamengo sem fim. Uma obra elaborada de peito aberto por cada um que fez um pedacinho dela.

Não tenho como pôr em palavras o quanto minha vida mudou para melhor enquanto eu escrevia este terceiro volume, porque foi por aqueles dias, no início de 2023, que nasceu minha filha Bianca. E ela está comigo e com minha esposa, Paula, no último quadrinho da trilogia. Este livro, como tudo o que faço, é para elas.

Por fim, espero continuar recebendo relatos de pais e mães que leem as páginas de *Me Arrebata* com seus filhos. É o que de melhor eu poderia desejar: ajudar o Flamengo a ir adiante, como meu pai fez comigo e como pretendo fazer com a Bianca. Enquanto o Flamengo estiver por aqui, todos estaremos. Agora vou enxugar as lágrimas e desejo a você uma boa leitura. Arrebate-se.

Mauricio Neves de Jesus

PRIMEIRO DO GRUPO, O FLAMENGO AVANÇOU PARA UM NOVO QUADRANGULAR, CONTRA SANTOS, PONTE PRETA E DESPORTIVA FERROVIÁRIA. SÓ UM AVANÇARIA PARA A SEMIFINAL. NA ESTREIA CONTRA OS CAPIXABAS, 3 X 0 NO MARACANÃ, TRÊS DE ZICO EM TRÊS PASSES DE NUNES.

ZICO! FOI ELE QUE BOTOU LÁ DENTRO, EU VI, EU VI... ZICO!

DEPOIS DE NUNES GARANTIR O 1 X 1 COM A PONTE EM CAMPINAS, O FLAMENGO DECIDIU O GRUPO CONTRA O SANTOS, DIA 18 DE MAIO, NO MARACANÃ. ZICO FEZ O PRIMEIRO DE CABEÇA...

... E FECHOU A VITÓRIA POR 2 X 0 BATENDO PÊNALTI. A SEMIFINAL SERIA CONTRA O CORITIBA.

NA NOITE DE 21 DE MAIO, QUASE 60 MIL PESSOAS TRANSFORMARAM O COUTO PEREIRA EM UM CALDEIRÃO, MAS ZICO ACABOU COM A PRESSÃO COM DOIS GOLAÇOS, UM EM PASSE DE JUNIOR, OUTRO EM PASSE DE ADÍLIO.

5

O ATLÉTICO EMPATOU NO SEGUNDO TEMPO, MAS A MASSA RUBRO-NEGRA NÃO SENTIU O GOLPE. O CANTO UNÍSSONO CONTINUOU FORTE, FELIZ, COMO SE TODOS TIVESSEM CERTEZA DA CONSAGRAÇÃO FINAL.

MENGOOO...

MAIS TARDE, ZICO DIRIA QUE AQUELA CONFIANÇA VINDA DA ARQUIBANCADA SE ESPALHARA PELO GRAMADO, E QUE ELE NUNCA TEVE DÚVIDAS DE QUE O TÍTULO SERIA RUBRO-NEGRO.

AOS 37 MINUTOS, JUNIOR ROUBOU UMA BOLA E DEU A ANDRADE, QUE LANÇOU PARA A CORRIDA DE NUNES NA PONTA ESQUERDA.

NA INSISTÊNCIA, O ATACANTE CONSEGUIU CHEGAR AO FUNDO DO CAMPO.

ELE PODERIA TER ROLADO PARA TRÁS, MAS AQUELE ERA O MOMENTO DE COMEÇAR A SER CONHECIDO COMO O ARTILHEIRO DAS GRANDES DECISÕES.

DEPOIS DO CAMPEONATO NACIONAL, O FLAMENGO ESTREOU EM BUSCA DO TRICAMPEONATO DA TAÇA GUANABARA NO DIA 5 DE JULHO, E ZICO FEZ O ÚNICO GOL DA VITÓRIA CONTRA O AMERICA.

EM 1980, A TAÇA GUANABARA FOI DISPUTADA DE MODO INDEPENDENTE DO CAMPEONATO ESTADUAL. NO DIA 13 DE JULHO, ADÍLIO MERGULHOU PARA FAZER O PRIMEIRO DO 2 X 0 NO FLA-FLU.

UMA SEMANA DEPOIS, OS RUBRO-NEGROS FORAM A CAMPOS PARA DESPACHAR O AMERICANO NO GODOFREDO CRUZ LOTADO. OUTRO 2 X 0, AGORA COM ZICO ABRINDO O PLACAR.

NO DIA 3 DE AGOSTO, SEM ZICO, LESIONADO, O FLAMENGO EMPATOU SEM GOLS COM O VASCO E CONQUISTOU O TRICAMPEONATO DA TAÇA GUANABARA, COM UM VISUAL DIFERENTE: A CAMISA DESENHADA POR ELSA BRAGA, ESPOSA DE MARCIO. O NOVATO MOZER NÃO DEU FOLGA A ROBERTO.

JUNIOR E MOZER COMANDARAM A PRIMEIRA VOLTA OLÍMPICA DO NOVO MANTO SAGRADO.

NA SEGUNDA, 6 DE JULHO, A VITÓRIA CONTRA O OLARIA POR 3 X 0 ACABARIA VALENDO O TETRA DA TAÇA GUANABARA, NA COMBINAÇÃO COM OS RESULTADOS DOS ADVERSÁRIOS.

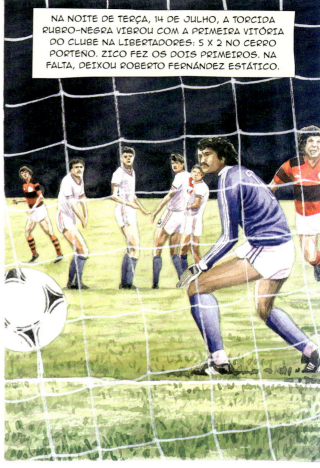

NA NOITE DE TERÇA, 14 DE JULHO, A TORCIDA RUBRO-NEGRA VIBROU COM A PRIMEIRA VITÓRIA DO CLUBE NA LIBERTADORES: 5 X 2 NO CERRO PORTEÑO. ZICO FEZ OS DOIS PRIMEIROS. NA FALTA, DEIXOU ROBERTO FERNÁNDEZ ESTÁTICO.

BARONINHO FEZ O TERCEIRO EM COBRANÇA DE FALTA, ENQUANTO O GOLEIRO ESPERAVA UM ARREMATE DE ZICO.

ZICO PELA ESQUERDA, BARONI CORREU PELA DIREITA, BATEU DE PÉ CANHOTO, É GOOOL!

NUNES FEZ DOIS E FECHOU A GOLEADA, O ÚLTIMO EM ASSISTÊNCIA DE JUNIOR.

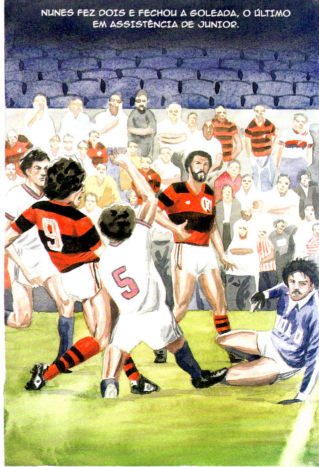

ANTES DO TRIANGULAR SEMIFINAL DA LIBERTADORES, O CONTINENTE PAROU PARA VER O DESAFIO DA CAMISA 10, QUE COLOCOU FRENTE A FRENTE O FLAMENGO DE ZICO CONTRA O BOCA JUNIORS DE MARADONA.

A NOITE DE 15 DE SETEMBRO DE 1981 TAMBÉM MARCOU A DESPEDIDA DE CARPEGIANI COMO ATLETA. ELE JOGOU OS PRIMEIROS OITO MINUTOS E SAIU DE CAMPO ESCUDADO PELOS DONOS DA FESTA.

OS QUASE 65 MIL PAGANTES VIRAM ANDRADE SE SOBREPOR A MARADONA COM TAL CATEGORIA QUE FOI ELOGIADO PELO 10 ARGENTINO AO FINAL DO JOGO.

JUNIOR TAMBÉM FEZ GRANDE PARTIDA E POR POUCO NÃO MARCOU UM GOLAÇO CONTRA O ESPALHAFATOSO GATTI.

NO SEGUNDO TEMPO, ZICO DECIDIU A PARTIDA EM DOIS LANCES DE CATEGORIA E O FLAMENGO VENCEU POR 2 X 0.

AQUELE FOI O TERCEIRO DUELO ENTRE ZICO E MARADONA NA HISTÓRIA, COM TRÊS VITÓRIAS DE ZICO, QUE MARCOU NOS TRÊS CONFRONTOS.

A ESTREIA NO TRIANGULAR SEMIFINAL DA LIBERTADORES FOI CONTRA O DEPORTIVO CALI, QUE HAVIA ELIMINADO O RIVER PLATE NA FASE ANTERIOR. JOGO DURO NO PASCUAL GUERRERO, EM CÁLI, NO DIA 2 DE OUTUBRO DE 1981.

LOGO AOS 10 MINUTOS, A BOLA SAIU DE RAUL PARA LEANDRO, QUE DEU A ANDRADE. O CAMISA 6 LANÇOU JUNIOR, QUE AVANÇOU E ACHOU NUNES NO COMANDO ENTRE TRÊS BEQUES. NUNES DOMINOU DE DIREITA E BATEU CRUZADO E RASTEIRO DE CANHOTA: 1 X 0.

NO SEGUNDO TEMPO, QUANDO OS COLOMBIANOS COMEÇAVAM A GANHAR TERRENO, NUNES SENTIU O JOELHO E DEU LUGAR A LICO. A CALMA E A CATEGORIA DO CAMISA 22 FORAM FUNDAMENTAIS PARA MANTER O ESCORE ATÉ O FIM.

NA VOLTA AO RIO, O CONDICIONAMENTO DO TIME FOI ELOGIADO E O PREPARADOR JOSÉ ROBERTO FRANCALACCI FEZ UM COMENTÁRIO OUSADO.

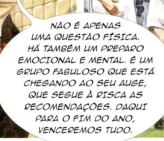

"NÃO É APENAS UMA QUESTÃO FÍSICA. HÁ TAMBÉM UM PREPARO EMOCIONAL E MENTAL. É UM GRUPO FABULOSO QUE ESTÁ CHEGANDO AO SEU AUGE, QUE SEGUE À RISCA AS RECOMENDAÇÕES. DAQUI PARA O FIM DO ANO, VENCEREMOS TUDO."

ENDOSSANDO AS PALAVRAS DE FRANCALACCI, OS RUBRO-NEGROS VOARAM NA ESTREIA DO TERCEIRO TURNO DO CAMPEONATO ESTADUAL, EM 7 DE OUTUBRO, NO MARACANÃ. ZICO ABRIU A NOITE COM UM GOLAÇO DE FALTA.

JUNIOR, O MELHOR EM CAMPO, FEZ O TERCEIRO EM COBRANÇA DE PÊNALTI E AINDA DEU O PASSE PARA BARONINHO FECHAR EM 4 X 0 A GOLEADA CONTRA O OLARIA.

ANTES DE IR À BOLÍVIA ENFRENTAR O JORGE WILSTERMANN, O FLAMENGO TEVE PELA FRENTE O MADUREIRA EM CAIO MARTINS, NO DIA 10 DE OUTUBRO. ZICO PEGOU REBOTE DE CHUTE DE NUNES PARA FAZER O PRIMEIRO.

O PLACAR SERIA DEFINIDO COM DOIS DE CABEÇA, O PRIMEIRO DE ZICO...

... E O ÚLTIMO DE MOZER, FULMINANTE: 3 X 0.

NAQUELA TARDE, TITA TEVE UM DESEMPENHO IMPRESSIONANTE COMO CABEÇA-DE-ÁREA, NA VAGA DO POUPADO ANDRADE. NÃO ERA SEM RAZÃO QUE WALDIR AMARAL DIZIA "TITA, O CORINGA, O QUE BRINCA EM TODAS".

JOGO RESOLVIDO, CARPEGIANI SACOU ZICO NO SEGUNDO TEMPO, QUE DEU UMA ENTREVISTA REVELADORA:

É, GILSON, ESTAMOS PRÓXIMOS DO QUE O CARPEGIANI QUER: FORA O RAUL, NINGUÉM TEM POSIÇÃO FIXA. TODO MUNDO SABE JOGAR E JOGA ONDE PRECISA.

21

ANTES MESMO DE O TIME EMBARCAR PARA COCHABAMBA, UM TRIO JÁ DESBRAVAVA O CAMINHO. LOGO APÓS O 4 X 0 CONTRA O OLARIA, CLÁUDIO CRUZ, CÉSAR LÚCIO E MORAES SAÍRAM DO MARACANÃ PARA UMA TRAVESSIA. NA BAGAGEM, A FAIXA DA RAÇA RUBRO-NEGRA.

OS ÔNIBUS CONVENCIONAIS ATÉ SÃO PAULO E DEPOIS CAMPO GRANDE FORAM O ÚLTIMO CONFORTO. PARA CHEGAR A CORUMBÁ, UM TRECHO FOI PERCORRIDO DE BALSA PANTANAL ADENTRO, COM CENAS QUE OS TRÊS SÓ CONHECIAM DA TELEVISÃO.

NO TREM DA MORTE, JÁ NO SÁBADO RUMO À SANTA CRUZ DE LA SIERRA, O FRIO E A FOME FORAM MENOS LAMENTADOS QUE A DIFICULDADE DE SINTONIZAR NO RÁDIO A VITÓRIA DIANTE DO MADUREIRA, MUITO COMEMORADA.

GOOOOOOOOOOOOL! ZIIICOOO... ZICAOOO... ZICAÇOOO!

O TRECHO FINAL FOI PERCORRIDO NA CARROCERIA DE UM CAMINHÃO CARREGADO DE BANANAS. O DESCONFORTO CONTINUOU, O FRIO AUMENTOU, MAS A FOME PÔDE SER APLACADA.

COM CINCO DIAS DE VIAGEM, OS HERÓIS CHEGARAM À COCHABAMBA NA VÉSPERA DO JOGO, A TEMPO DE RECEBER O TIME NO AEROPORTO. NO HOTEL, GANHARAM DE PAULO DANTAS E DOMINGO BOSCO INGRESSOS E O CONVITE PARA O VOO FRETADO PARA A VIAGEM DE VOLTA.

QUANDO O FLAMENGO PISOU O GRAMADO DO FELIX CAPRILES NA FRIA NOITE DE 13 DE OUTUBRO, LÁ ESTAVA A FAIXA LEVADA POR CLÁUDIO, CÉSAR E MORAES. UM TIME E SUA GENTE, SEMPRE JUNTOS.

OS TRÊS TORCEDORES EM COCHABAMBA E OS MILHÕES NO BRASIL VIBRARAM QUANDO BARONINHO SOLTOU O PÉ NA COBRANÇA DE FALTA, NO PRIMEIRO GOL NARRADO POR GALVÃO BUENO NA REDE GLOBO.

AOS 14, BARONINHO PARTIU, BATEU FORTE...

GOOOOOOOOL DO FLAMENGO! BARONINHO, DO MEIO DA RUA!

OS BOLIVIANOS EMPATARAM NO INÍCIO DO SEGUNDO TEMPO. LOGO APÓS, LICO SAIU DO BANCO E MUDOU O JOGO. AOS 19, ELE INVADIU PELA DIREITA E QUASE MARCOU, MAS O GOLEIRO ISSA SALVOU. O PRÓPRIO LICO BATEU O ESCANTEIO.

ADÍLIO SALTOU E METEU A CABEÇA PARA FAZER O GOL DE UMA VITÓRIA MUITO COMEMORADA. PARA CHEGAR À FINAL DA LIBERTADORES, RESTAVAM APENAS OS JOGOS DE VOLTA CONTRA DEPORTIVO CALI E WILSTERMANN, NO RIO.

NO OUTRO GRUPO SEMIFINAL, O CHILENO COBRELOA TAMBÉM HAVIA VENCIDO SEUS DOIS JOGOS FORA DE CASA, CONTRA OS URUGUAIOS NACIONAL E PEÑAROL, COLOCANDO UM PÉ NA DECISÃO PARA A QUAL O FLAMENGO PARECIA CADA VEZ MAIS PRONTO.

NA NOITE DE SEXTA, 23 DE OUTUBRO, NO MARACANÃ, O FLAMENGO GARANTIU POR ANTECIPAÇÃO A CLASSIFICAÇÃO PARA A FINAL DA LIBERTADORES, COM DOIS GOLS DE ZICO E UM DE CHIQUINHO, QUE JOGOU NO LUGAR DE TITA.

NO DOMINGO, JOGO NO ALÇAPÃO ÍTALO DEL CIMA CONTRA O CAMPO GRANDE. COM SEIS TITULARES RUBRO-NEGROS POUPADOS, OS DONOS DA CASA IAM VENCENDO POR 1 X 0 ATÉ A METADE DO SEGUNDO. ENTÃO, LICO SAIU DO BANCO OUTRA VEZ.

DEPOIS DE DEIXAR TITA COM O GOL ABERTO PARA EMPATAR, ELE GANHOU NO ALTO UMA DISPUTA COM O GOLEIRO DO CAMPO GRANDE.

NA QUEDA DA BOLA, LICO FOI MAIS RÁPIDO E MANDOU DE BICICLETA NO ÂNGULO DIREITO, DANDO A VITÓRIA AO FLAMENGO.

NA AVALIAÇÃO DO JORNAL O GLOBO, LICO GANHOU NOTA 10: "O RESPONSÁVEL PELA REAÇÃO. PERFEITO". ANOS MAIS TARDE, ZICO DIRIA QUE, COM A ENTRADA DE LICO, O TIME FICOU PERFEITO.

Uma semana depois da classificação à final da Libertadores, o Flamengo cumpriu tabela contra o Wilstermann, com time misto. Oportunidade para Anselmo, que entrou no segundo tempo e deixou o dele na vitória por 4 x 1.

No dia 2 de novembro, o Flamengo fez 4 x 0 no America, três de Zico.

Além de Zico, Leandro e Junior mereceram um comentário de João Saldanha na Rádio Tupi, que bem ilustrou o nível dos laterais e de todo o time.

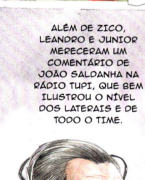
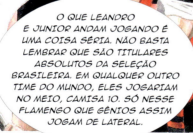

"O que Leandro e Junior andam jogando é uma coisa séria. Não basta lembrar que são titulares absolutos da Seleção Brasileira. Em qualquer outro time do mundo, eles jogariam no meio, camisa 10. Só nesse Flamengo que gênios assim jogam de lateral."

Na véspera do clássico contra o Botafogo, Carpegiani confirmou que o time teria uma alteração: Lico seria titular, na vaga de Baroninho.

O Botafogo havia vencido o Flamengo no Campeonato Brasileiro e no segundo turno do Estadual, e seus jogadores prometiam nova vitória. Antes de ir à concentração, Junior comentou o assunto.

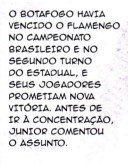

"Naquelas ocasiões, eles jogaram retrancados porque tinham vantagem. Agora, precisam sair para o jogo e podem ter uma surpresa ao olhar o placar final. Acho que pode até dar goleada."

DOMINGO, 8 DE NOVEMBRO DE 1981. NA LUTA PARA SE MANTER NA LIDERANÇA DO SEGUNDO TURNO, O FLAMENGO PISA O GRAMADO PARA ENFRENTAR O BOTAFOGO.

AOS SETE MINUTOS, NUNES JÁ SAÍA PARA O ABRAÇO DEPOIS DE PEGAR DE PÉ ESQUERDO UMA BOLA ATRAVESSADA POR ADÍLIO DA DIREITA.

VINTE MINUTOS DEPOIS, ZICO CHUTOU DA ENTRADA DA ÁREA, A BOLA BATEU NA DEFESA E VOLTOU PARA ZICO AJEITAR E MANDAR UM CANHOTAÇO, INDEFENSÁVEL.

AOS 33, LICO, O NOVO DONO DA CAMISA 11, APROVEITOU O PIVÔ FEITO POR NUNES E CHUTOU RASTEIRO NO CANTO DIREITO. 3 X 0 NO PLACAR, E NA TORCIDA COMEÇAVA A SE FORMAR UM GRITO DIFERENTE.

QUEREMOS SEIS! QUEREMOS SEIS!

ADÍLIO, O MELHOR EM CAMPO EM UM TIME QUE JOGAVA À PERFEIÇÃO, MARCOU O QUARTO GOL DE CABEÇA, GANHANDO DE PAULO SÉRGIO NO ALTO.

O 4 X 0 DO PRIMEIRO TEMPO ELEVOU O PEDIDO DA TORCIDA AO TOM DE EXIGÊNCIA. TODOS OS RUBRO-NEGROS, NO MARACANÃ E AO PÉ DO RÁDIO BRASIL AFORA, ENTENDERAM QUE ERA A HORA DE DEVOLVER A GOLEADA DE 6 X 0 SOFRIDA NOVE ANOS ANTES.

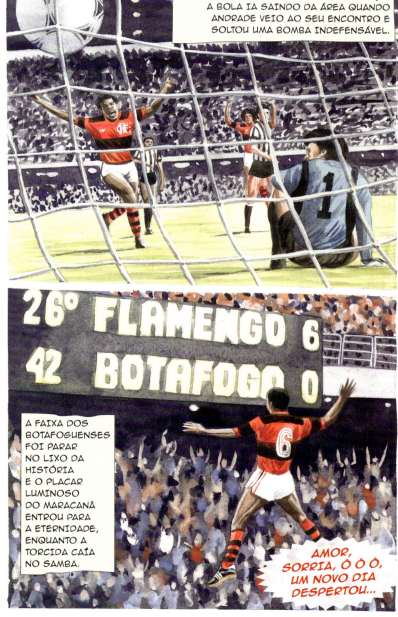

JUNIOR QUASE FEZ UM GOL DE PLACA, CHUTANDO COM CURVA DE FORA DA ÁREA.

O SEGUNDO GOL VEIO AOS 30 MINUTOS, EM PÊNALTI SOFRIDO POR LICO. WIRTH DE UM LADO, BOLA DE OUTRO, E FESTA NO MARACANÃ.

A PARTIR DOS 15 MINUTOS DO SEGUNDO TEMPO, OS JOGADORES SENTIRAM NAS PERNAS O PESO DA MARATONA DE JOGOS. O COBRELOA DESCONTOU EM UM PÊNALTI, E FOI ADÍLIO QUEM SE ENCARREGOU DE CRIAR ESPAÇOS E ESFRIAR A REAÇÃO CHILENA.

RESTAVA AO ADVERSÁRIO ALÇAR BOLAS NA ÁREA, RECURSO INÚTIL DIANTE DA SEGURANÇA DE RAUL. O FLAMENGO ARRANCAVA EM VANTAGEM NA DECISÃO.

NO VESTIÁRIO, COM OS JOGADORES EXTENUADOS, BOSCO CHAMOU A RESPONSABILIDADE.

"DE UM DOMINGO A OUTRO, SERÃO QUATRO JOGOS COM O FLA-FLU DE DEPOIS DE AMANHÃ, SENDO DOIS CLÁSSICOS E UMA DECISÃO. A VITÓRIA DE HOJE FOI ÓTIMA, NÃO TEM SALDO DE GOLS. E EM MENOS DE 48 HORAS VAI TER OUTRO SHOW."

DOMINGO, 15 DE NOVEMBRO DE 1981, TARDE DE SOL. DIANTE DE 110 MIL PESSOAS, O FLAMENGO COMEMOROU 86 ANOS ENFRENTANDO O FLUMINENSE DE DINO SANI, QUE JOGAVA SUA ÚLTIMA CARTADA NO CAMPEONATO CARIOCA.

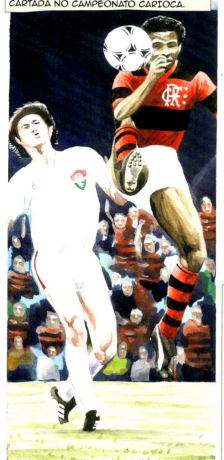

BOSCO ESTAVA CERTO. O CANSAÇO NÃO IMPEDIRIA UM NOVO SHOW. AOS 18, ADÍLIO ALÇOU E NUNES VOOU COMO UM SUPER-HERÓI PARA ESTUFAR A REDE TRICOLOR EM UMA CABEÇADA MONUMENTAL.

NO SEGUNDO TEMPO, EM NOVA ASSISTÊNCIA DE ADÍLIO, UM GOL ESPETACULAR. LICO SAIU NA CARA DO GOL E TIROU O PESO DA BOLA COM UM LEVE TOQUE, ENCOBRINDO PAULO VITOR.

O FLUMINENSE FOI PARA O TUDO OU NADA E TEVE UM PÊNALTI A SEU FAVOR. RAUL DEFENDEU A COBRANÇA DE ZEZÉ.

JÁ NA RETA FINAL DE JOGO, COM O PLACAR APONTANDO 2 X 1, NEI DIAS CRUZOU E TITA MERGULHOU PARA FAZER O TERCEIRO GOLAÇO DO LÍDER ABSOLUTO DO TERCEIRO TURNO.

SANTIAGO, 20 DE NOVEMBRO DE 1981. NO QUE DEVERIA SER UM JOGO DE FUTEBOL VALENDO A TAÇA LIBERTADORES, VIU-SE UMA PANCADARIA COM A COMPLACÊNCIA DO ÁRBITRO RAMÓN BARRETO. ADÍLIO FOI AGREDIDO NA ÁREA POR MARIO SOTO, E POR POUCO NÃO PERDE A VISÃO. O PÊNALTI NÃO FOI MARCADO E O CHILENO SEQUER FOI ADVERTIDO.

CHI-CHI-CHI! LE-LE-LE!

CINCO MINUTOS DEPOIS, SOTO TAMBÉM FERIU LICO NO ROSTO. ALÉM DE SER CONIVENTE COM A VIOLÊNCIA, A ARBITRAGEM AINDA MARCOU UM IMPEDIMENTO ABSURDO DE ZICO QUE JÁ HAVIA DRIBLADO O GOLEIRO. NO FINAL, O COBRELOA CONSEGUIU O SEU GOL QUE FORÇAVA UM JOGO EXTRA NO URUGUAI, NO DIA 23.

SE ADÍLIO E LICO DEIXARAM SANGUE EM SANTIAGO, TODOS LEVAVAM CONSIGO MARCAS DA VIOLÊNCIA. NO VOO DO DIA 21 DE NOVEMBRO PARA A CAPITAL URUGUAIA, DOMINGO BOSCO LEVANTOU E FALOU PARA TODOS, SENDO APLAUDIDO.

SANTIAGO FICOU PARA TRÁS. TENHO CERTEZA DE QUE A HISTÓRIA EM MONTEVIDÉU SERÁ DIFERENTE. AGORA É SÓ FUTEBOL E VOCÊS SÃO OS MELHORES, SEREMOS CAMPEÕES!

NO DIA 22, JÁ EM MONTEVIDÉU, JUNIOR CHAMOU ZICO NO GOL EM FRENTE À TRIBUNA AMSTERDAM E TEVE UMA CONVERSA DESCONTRAÍDA.

OLHA SÓ, GALO! FOI DAQUI QUE EU MARQUEI UM GOL DE FALTA NA ALEMANHA. O SCHUMACHER TÁ PROCURANDO ATÉ AGORA. SE TIVER UMA FALTA, DEIXA PRA MIM!

NA HORA A GENTE VÊ, LEO. VOCÊ OU EU, O GOLEIRO DELES ESTARÁ ENCRENCADO...

JUNIOR SE REFERIA AO GOL QUE ELE HAVIA FEITO PELO BRASIL CONTRA A ALEMANHA NO MUNDIALITO JOGADO NO URUGUAI EM JANEIRO, QUE UM LESIONADO ZICO HAVIA ASSISTIDO PELA TELEVISÃO. O QUE ELES NÃO SABIAM ERA QUE AQUELA BRINCADEIRA TINHA ALGO DE PREMONIÇÃO.

ESTÁDIO NACIONAL DE MONTEVIDÉU, 23 DE NOVEMBRO DE 1981. OS RUBRO-NEGROS PISAM O CAMPO DE JOGO CARREGANDO A BANDEIRA DO URUGUAI. UM EXTRAVIO DE MATERIAL FEZ COM QUE UM NOVO JOGO DE CAMISAS FOSSE ENVIADO ÀS PRESSAS. ERA O MODELO USADO PELOS JUNIORES, COM NÚMEROS MAIORES COSTURADOS.

LICO AINDA NÃO REUNIA CONDIÇÕES DE JOGO E SUA IMPORTÂNCIA TÁTICA ERA TÃO GRANDE QUE A AUSÊNCIA MEXIA EM TRÊS SETORES. TITA FARIA A FUNÇÃO DE LICO, NA DIREITA. ADÍLIO, ENTÃO, IRIA PARA A ESQUERDA, ONDE TITA VINHA ATUANDO, E LEANDRO COBRIRIA A FALTA DE ADÍLIO NO MEIO, COM NEI DIAS NA LATERAL.

O GOL MARCADO FORA DE CASA CONFERIA AO COBRELOA UMA PEQUENA VANTAGEM: A DE SER CAMPEÃO EM CASO DE EMPATE NOS 90 MINUTOS E NA PRORROGAÇÃO. MAS NÃO DEMOROU PARA O FLAMENGO SE IMPOR EM CAMPO. AOS 18 MINUTOS, ANDRADE SERVIU A ZICO QUE BATEU DE PRIMEIRA, SEM CHANCES PARA WIRTH. O FUTEBOL COMEÇAVA A GANHAR DA VIOLÊNCIA.

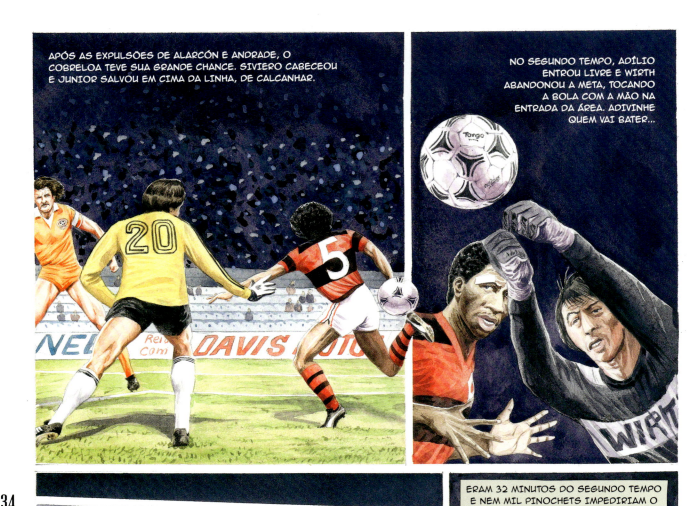

APÓS AS EXPULSÕES DE ALARCÓN E ANDRADE, O COBRELOA TEVE SUA GRANDE CHANCE. SIVIERO CABECEOU E JUNIOR SALVOU EM CIMA DA LINHA, DE CALCANHAR.

NO SEGUNDO TEMPO, ADÍLIO ENTROU LIVRE E WIRTH ABANDONOU A META, TOCANDO A BOLA COM A MÃO NA ENTRADA DA ÁREA. ADIVINHE QUEM VAI BATER...

ZICO JÁ HAVIA PERCEBIDO QUE WIRTH SE MEXIA ANTES DO CHUTE E SE LEMBROU DE UMA DICA DO EX-COMPANHEIRO UBIRAJARA MOTTA: BATER NO CANTO DO GOLEIRO. QUANDO WIRTH QUIS VOLTAR, ERA TARDE.

ERAM 32 MINUTOS DO SEGUNDO TEMPO E NEM MIL PINOCHETS IMPEDIRIAM O TÍTULO RUBRO-NEGRO ÀQUELA ALTURA. OH, MEU MENGÃO, EU GOSTO DE VOCÊ!

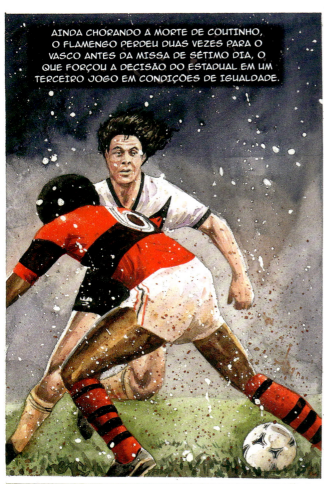

AINDA CHORANDO A MORTE DE COUTINHO, O FLAMENGO PERDEU DUAS VEZES PARA O VASCO ANTES DA MISSA DE SÉTIMO DIA, O QUE FORÇOU A DECISÃO DO ESTADUAL EM UM TERCEIRO JOGO EM CONDIÇÕES DE IGUALDADE.

AO MESMO TEMPO, O VÔLEI FEMININO DISPUTAVA O SUL-AMERICANO EM SUCRE, NA BOLÍVIA. NA SEMIFINAL, VIRADA CONTRA O FERRO CARRIL OESTE: 3 X 1. A DECISÃO SERIA CONTRA O FLUMINENSE.

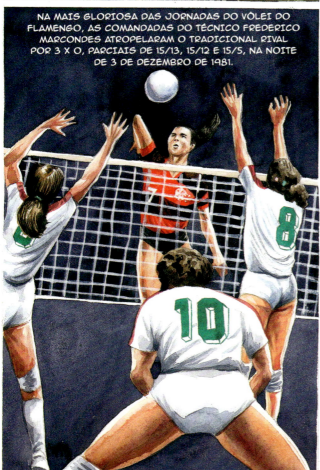

NA MAIS GLORIOSA DAS JORNADAS DO VÔLEI DO FLAMENGO, AS COMANDADAS DO TÉCNICO FREDERICO MARCONDES ATROPELARAM O TRADICIONAL RIVAL POR 3 X 0, PARCIAIS DE 15/13, 15/12 E 15/5, NA NOITE DE 3 DE DEZEMBRO DE 1981.

A CONQUISTA FOI DEDICADA A COUTINHO, QUE NA MOCIDADE HAVIA SIDO ATLETA DE VÔLEI DO FLAMENGO. A CAPITÃ REGINA VILELLA ERGUEU O TROFÉU NO GINÁSIO COLISEU UNIVERSITÁRIO DE SUCRE. A AMÉRICA DO SUL ERA RUBRO-NEGRA NO CAMPO E NAS QUADRAS.

O FLAMENGO SEGUIU TOCANDO A BOLA E OS CAMPEÕES EUROPEUS CORRENDO ATRÁS. IRRITADO, MCDERMOTT DEU UM PONTAPÉ EM TITA NA ENTRADA DA ÁREA.

APROVEITANDO O PISO DURO, ZICO BATEU FORTE E RASTEIRO, MUDANDO SEU ESTILO.

GROBBELAAR REBATEU E SE ATIROU PARA DISPUTAR O REBOTE COM LICO.

ADÍLIO ACOMPANHAVA DE PERTO E PEGOU A SOBRA. THOMPSON ACABOU DENTRO DO GOL COM A BOLA.

RECÉM-CASADO, ELE SAIU JOGANDO BEIJOS PARA A TRIBUNA ONDE ESTAVA SUA ESPOSA. EM TÓQUIO, O FLAMENGO ERA PURO AMOR.

A COMEMORAÇÃO FOI FELIZ E TRANQUILA. HAVIA VENCIDO O MELHOR.

ZICO, MELHOR DO JOGO, E NUNES, O ARTILHEIRO, GANHARAM CARROS DA PATROCINADORA DO CAMPEONATO COMO TROFÉUS PARTICULARES. OS DOIS DIVIDIRIAM O VALOR DOS CARROS COM OS COMPANHEIROS. BOSCO, EMOCIONADO, ABRAÇAVA UM POR UM.

JUNTO DO FILHO RODRIGO, O PRESIDENTE ANTÔNIO AUGUSTO DUNSHEE DE ABRANCHES FALOU A KLEBER LEITE.

"ESSE É O PRESENTE QUE A MAIOR GALERA DO MUNDO MERECE! CAMPEÃO DO MUNDO! VAMOS LÁ, TORCIDA!"

DOMINGO BOSCO TAMBÉM FALOU PARA KLEBER LEITE, ÀS LÁGRIMAS.

"ISSO É UMA COISA MARAVILHOSA! É COMO O TITA FALOU, ESSE TIME NÃO PERDE, É INVENCÍVEL! CAMPEÃO DO MUNDO! É... CAM-PE-ÃO... DO MUN-DO!"

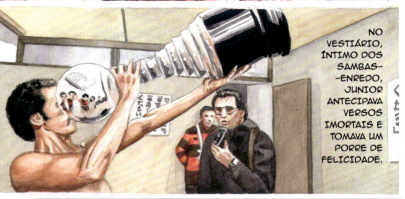

NO VESTIÁRIO, ÍNTIMO DOS SAMBAS-ENREDO, JUNIOR ANTECIPAVA VERSOS IMORTAIS E TOMAVA UM PORRE DE FELICIDADE.

A SAÍDA DO ESTÁDIO FOI COM MAIS SAMBA, CANTADO COM A ALMA LEVE DAS ESCOLAS QUE VOLTAM PARA O DESFILE DAS CAMPEÃS. NADA MAIS ADEQUADO. OS CAMPEÕES MUNDIAIS HAVIAM DESFILADO EM TÓQUIO.

♪ "E LÁ VOU EU PELA IMENSIDÃO DO MAR... NESSA ONDA QUE CORTA A AVENIDA DE ESPUMA ME ARRASTA A SAMBAR..." ♪

O REENCONTRO DOS MUNDIALISTAS COM SEU POVO FOI NO DIA 20 DE JANEIRO DE 1982. MARACANÃ LOTADO PARA UM ESTRELADO FLAMENGO X SÃO PAULO, NA PRIMEIRA RODADA DO CAMPEONATO BRASILEIRO MAIS FORTE DE TODOS OS TEMPOS.

OS TRICOLORES ABRIRAM 2 X 0. MAS, NA ETAPA FINAL, EMPURRADO PELA TORCIDA, O CAMPEÃO MUNDIAL FOI À FORRA. ZICO TABELOU COM LICO E DESCONTOU.

NO GOL DE EMPATE, ZICO ENCOSTOU PARA ANDRADE SOLTAR UMA BOMBA DA MEIA-LUA. O MELHOR TIME DO MUNDO TOMAVA AS RÉDEAS DO JOGÃO.

A NOVE MINUTOS DO FIM, RAUL SAIU JOGANDO COM MOZER. DE PÉ EM PÉ, A BOLA PASSOU POR ADÍLIO, LICO, ZICO, DE CALCANHAR PARA LICO, QUE DEU A JUNIOR, QUE LANÇOU LICO, QUE DEVOLVEU PARA JUNIOR AO LADO DA ÁREA. O CRUZAMENTO PERFEITO CHEGOU A ZICO, QUE EXECUTOU WALDIR PERES COM UMA CABEÇADA FULMINANTE.

UM JOGO PARA A ETERNIDADE. ENQUANTO A TORCIDA SAUDAVA O MAIOR JOGADOR DO PLANETA, COM SEU NOME BRILHANDO NO PLACAR, TODOS OS OUTROS TIMES SE PERGUNTAVAM O QUE FARIAM PARA IMPEDIR MAIS UMA CONQUISTA DE ZICO E SEUS COMPANHEIROS.

10 - ZICO 18:55 **FLAMENGO 3**
              36   **SÃO PAULO 2**

ZICO! ZICO! ZICO!

NA SEGUNDA FASE, UM QUADRANGULAR CONTRA ATLÉTICO, CORINTHIANS E INTER, ACONTECERAM MAIS DUAS VIRADAS ÉPICAS. A PRIMEIRA, CONTRA OS MINEIROS, NO MARACANÃ, NO DIA DE 7 MARÇO. REINALDO FEZ 1 X 0 E SÓ NÃO FEZ O SEGUNDO PORQUE RAUL PRATICOU UM MILAGRE.

♪ ENFEITEI MEU CORAÇÃO DE CONFETE E SERPENTINA... ♪

PARA PIORAR, FIGUEIREDO FOI EXPULSO. MAS, NA VOLTA PARA O SEGUNDO TEMPO, OS JOGADORES SE ARREPIARAM: SETENTA MIL PESSOAS CANTAVAM O SAMBA CAMPEÃO DO IMPÉRIO SERRANO A PLENOS PULMÕES.

QUANTO MAIS O TEMPO PASSAVA, MAIS A TORCIDA CANTAVA. JÁ PERTO DOS 30 MINUTOS, JUNIOR ALÇOU UMA BOLA E MOZER GANHOU A DISPUTA AÉREA CABECEANDO PARA O MEIO DA ÁREA.

♪ VEM MEU AMOR, MANDA A TRISTEZA EMBORA... ♪

JOÃO LEITE VOOU NA DIREÇÃO DA BOLA, MAS ADÍLIO SE ANTECIPOU E MANDOU PARA O GOL COM UM GOLPE DE KUNG FU.

DEPOIS DO JOGO, JUNIOR FALOU SOBRE A VIRADA, ARRANCADA JUNTO COM O GRITO DA TORCIDA.

♪ ...CONTAGIANDO A MARQUÊS DE SAPUCAÍ! ♪

A NOVE MINUTOS DO FIM, MOZER REVIVEU A CABEÇADA DE RONDINELLI E O MARACANÃ FOI TOMADO PELA ALEGRIA DE MIL CARNAVAIS.

QUEM NÃO SE ARREPIAR COM ESSA TORCIDA CANTANDO ESSE SAMBA, JÁ MORREU E NÃO SABE. ESSA GENTE VALE QUALQUER SACRIFÍCIO.

A OUTRA VIRADA, QUE VALEU A CLASSIFICAÇÃO, FOI NA NOITE DE 17 DE MARÇO, NO BEIRA-RIO. O INTER VENCIA POR 2 X 1, MAS, NOS 15 MINUTOS FINAIS, O FLAMENGO VIROU. ZICO, REINALDO E VITOR MARCARAM, E ARMINDO RANZOLIN REGISTROU O FEITO NA RÁDIO GUAÍBA.

"O INTER FOI GRANDE, MAS NINGUÉM PODERIA COM A GRANDIOSIDADE DO FUTEBOL DOS CAMPEÕES MUNDIAIS NESTA NOITE, AQUI EM PORTO ALEGRE..."

NAS OITAVAS DE FINAL, O FLAMENGO ELIMINOU O SPORT DO RECIFE. NA PARTIDA DE IDA DAS QUARTAS, EM 3 DE ABRIL, O SANTOS FEZ 1 X 0. TITA EMPATOU JÁ NO SEGUNDO TEMPO E MARINHO MARCOU O GOL DA VITÓRIA NO ÚLTIMO MINUTO.

TRÊS DIAS DEPOIS, NO MORUMBI, JOGO DRAMÁTICO. SEM MOZER, COM DUAS COSTELAS FRATURADAS, OS RUBRO-NEGROS SAÍRAM PERDENDO. A OITO MINUTOS DO FIM, ZICO CABECEOU DE COSTAS PARA O GOL E DESPACHOU O SANTOS.

O FLAMENGO ABRIU A SEMIFINAL BATENDO O GUARANI POR 2 X 1, NO MARACANÃ, EM 11 DE ABRIL. ZICO FEZ O PRIMEIRO E O FOLCLÓRICO PEU ABRIU 2 X 0, PARA DELÍRIO DA TORCIDA. MAS OS BUGRINOS CONSEGUIRAM O SEU GOL E JOGARIAM POR UMA VITÓRIA SIMPLES NO BRINCO DE OURO.

É O PEU!
É O PEU!
É O PEU!

NA NOITE DE 15 DE ABRIL, DIANTE DE 52 MIL PESSOAS, O GUARANI FEZ 1 X 0 DE SAÍDA. OUTRA VEZ, SERIA PRECISO REAGIR. OUTRA VEZ, ZICO: ELE EMPATOU, VIROU E ABRIU 3 X 1. O GUARANI DIMINUIU JÁ NO FIM, MAS GALVÃO BUENO ESPALHOU A VERDADE PARA TODO O PAÍS.

"QUEM TEM ZICO, TEM TUDO!"

QUASE 140 MIL PESSOAS FORAM AO MARACANÃ VER A PRIMEIRA PARTIDA ENTRE FLAMENGO E GRÊMIO, NA DECISÃO DO CAMPEONATO BRASILEIRO. O CAMPEÃO DE 1980 CONTRA O DE 1981.

LOGO NO COMEÇO, LICO DEIXOU NUNES NA CARA DO GOL. O CHUTE SAIU RENTE À TRAVE ESQUERDA.

UUUUUUHHH!

CADA PALMO DE CAMPO ERA DISPUTADO. JUNIOR E DE LEÓN PARECIAM DISPOSTOS A DEIXAR A VIDA EM CAMPO.

NO SEGUNDO TEMPO, O GRÊMIO SE FECHOU NA DEFESA, MANTENDO O 0 X 0. NAS BOLAS ALÇADAS, RAUL MANTEVE A TRANQUILIDADE.

PORÉM, A OITO MINUTOS DO FIM, O GRÊMIO FEZ 1 X 0 EM UM CONTRA-ATAQUE. ACOSTUMADA À VALENTIA DAQUELE TIME, A TORCIDA REAGIU IMEDIATAMENTE.

MEEENGOOO! MEEENGOOO! MEEENGOOO!

NA NOITE DE 23 DE SETEMBRO DE 1982, FLAMENGO E VASCO DECIDIRAM A TAÇA GUANABARA EM UM JOGO EXTRA, DIANTE DE 100 MIL PAGANTES. NO ÚLTIMO MINUTO, ADÍLIO RECEBEU DE ZICO, INVADIU A ÁREA COM A BOLA COLADA AO PÉ E A DESLIZOU ENTRE O GOLEIRO E A TRAVE.

O JOGO RECOMEÇOU E O VASCO FEZ FALTA DE ATAQUE. ZICO E JUNIOR ESTAVAM JUNTO DO CANTARELE NA ENTRADA DA ÁREA, ESPERANDO PARA COBRAR A FALTA, QUANDO UM CHUTÃO FEZ COM QUE A BOLA TOMASSE O RUMO DA META VAZIA.

O JOGO ESTAVA PARADO, MAS OS DOIS SAÍRAM EM DESESPERO PARA IMPEDIR QUE A BOLA ENTRASSE. JUNIOR CHEGOU À FRENTE, ESCUDADO POR ZICO, E DEU UM TAPA NA BOLA. ERA COMO SE DISSESSEM QUE DEFENDER O FLAMENGO NÃO ERA UM JOGO, MAS A MISSÃO DE SUAS VIDAS.

ADÍLIO BOTOU O MARACANÃ EM DELÍRIO. AQUELE SERIA O GOL DE UM RECORDE IMPRESSIONANTE: CINCO CONQUISTAS CONSECUTIVAS DA TAÇA GUANABARA.

ZICO, O QUE MAIS FEZ GOLS PELO FLAMENGO. JUNIOR, O QUE MAIS VESTIU O MANTO SAGRADO. OS MAIORES DE TODOS. COLOQUEM EM SEUS CURRÍCULOS, ALÉM DAS DEZENAS DE TROFÉUS: UM TAPA NA BOLA POR AMOR AO FLAMENGO.

O QUE NINGUÉM PODERIA SUPOR QUE AQUELE SERIA O ÚLTIMO TROFÉU DE DOMINGO BOSCO. EM 20 DE DEZEMBRO DE 1982, AOS 51 ANOS, ELE PARTIRIA PARA A ETERNIDADE TENDO CONQUISTADO TUDO PELO FLAMENGO.

COM AS SAÍDAS DE TITA E NUNES E AS LESÕES DE ANDRADE E LICO, O FLAMENGO PRECISOU SE REINVENTAR EM 1983. JÁ COM O CAMPEONATO BRASILEIRO EM ANDAMENTO, UM NOVO COMANDANTE CHEGOU: CARLOS ALBERTO TORRES. SUA ESTREIA FOI JÁ NA TERCEIRA FASE, NO DIA 17 DE ABRIL, CONTRA O CORINTHIANS, EM DIA DE MARACANÃ COM MAIS DE 90 MIL PESSOAS.

ZICO MARCOU O PRIMEIRO DESVIANDO DE LEÃO, E O SEGUNDO EM UM CHUTE SECO EM COBRANÇA DE FALTA...

NO TERCEIRO, OS RUBRO-NEGROS BOTARAM OS CORINTIANOS NA RODA E ADÍLIO EXECUTOU COM FACILIDADE.

APÓS ESCANTEIO COBRADO POR ZICO, MOZER SE IMPÔS NO ALTO E CRAVOU O QUARTO.

FECHANDO A GOLEADA, O GAROTO ÉLDER, SUBSTITUTO DE ANDRADE, DEU UM DRIBLE DA VACA EM LEÃO E NÃO ENTROU COM BOLA E TUDO PORQUE TEVE HUMILDADE EM GOL.

AO FINAL, O PLACAR ELETRÔNICO DO MARACANÃ MARCAVA UMA INJUSTIÇA: TRÊS GOLS LEGÍTIMOS – ADÍLIO, ZICO E JUNIOR – FORAM ANULADOS E O ESCORE REAL SERIA 8 X 1. UM BAILE ETERNO.

NAS QUARTAS DE FINAL, O FLAMENGO ELIMINOU O VASCO EM DOIS JOGOS. NO PRIMEIRO, EM 5 DE MAIO, ADÍLIO ABRIU O PLACAR E O GOL DA VITÓRIA POR 2 X 1 FOI MARCADO POR JÚLIO CÉSAR, SUBSTITUTO DO LESIONADO LICO.

NO DIA DAS MÃES, 8 DE MAIO, ZICO GARANTIU O 1 X 1 AOS 44 DO TEMPO FINAL E BEIJOU A BANDEIRINHA DO ESCANTEIO COMO SE ELA FOSSE DONA MATILDE.

NA SEMIFINAL, O FLAMENGO PEGOU O ATLÉTICO PARANAENSE. O JOGO DE IDA FOI NO MARACANÃ, NA NOITE DE 12 DE MAIO.

O ATLÉTICO TINHA A VANTAGEM E O FLAMENGO SE ATIROU EM BUSCA DOS GOLS. EM UM CONTRA-ATAQUE, O PONTA CAPITÃO ENTROU LIVRE E CANTARELE, SUBSTITUTO DE RAUL, QUE HAVIA SENTIDO O OMBRO, FEZ UMA GRANDE DEFESA.

MAS ERA O FLAMENGO QUE ATACAVA SEM PARAR. AOS 39 MINUTOS, JÚLIO CÉSAR DEU UM PASSE DE CABEÇA PARA ZICO...

... QUE, TAMBÉM DE CABEÇA, ABRIU A PORTEIRA. NO SEGUNDO TEMPO, ZICO TOCOU PARA VITOR FAZER O SEGUNDO E FECHOU ELE MESMO A CONTA EM 3 X 0, DEIXANDO O FLAMENGO A UM PASSO DA DECISÃO DO CAMPEONATO BRASILEIRO EM 1983.

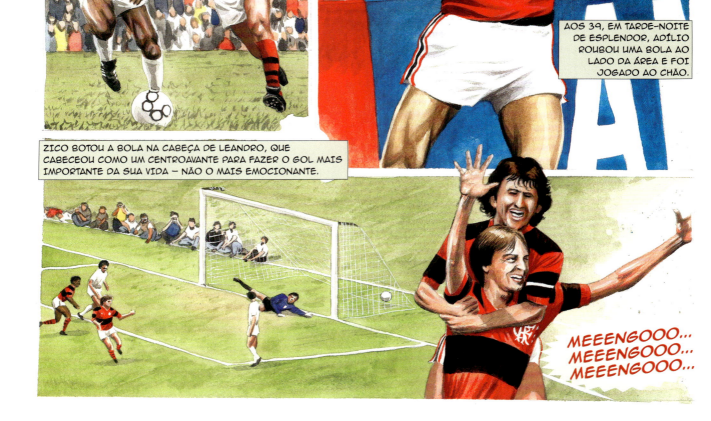

AO LONGO DE 1984, O MAIOR FLAMENGO DE TODOS OS TEMPOS CONTINUOU SE DESFAZENDO. JUNIOR FOI PARA A ITÁLIA E LICO PAROU COM O FUTEBOL. A PROVA DE QUE A VIDA CONTINUAVA ACONTECEU BEM LONGE DO RIO.

MEEENGOOO! MEEENGOOO! MEEENGOOO!

NA TARDE DE 7 DE JUNHO, UM AVIÃO BANDEIRANTE ATERRISSOU EM PETROLINA. UMA MULTIDÃO PASSOU PELA SEGURANÇA E CERCOU A AERONAVE.

SÓ DEPOIS DE MEIA HORA, COM REFORÇO POLICIAL, OS JOGADORES DEIXARAM O AVIÃO E SE ENCAMINHARAM PARA O ÔNIBUS QUE LEVARIA A DELEGAÇÃO A JUAZEIRO, ONDE O TIME FARIA UM AMISTOSO DOIS DIAS DEPOIS.

MAIS DE 100 CARROS SEGUIRAM O ÔNIBUS MATERIALIZANDO NA BR-407 O SENTIMENTO QUE SE TORNOU UMA NAÇÃO: O FLAMENGO É E ESTÁ EM TODOS OS LUGARES.

MEEENGOOO! MEEENGOOO! MEEENGOOO!

ERA SÓ UM AMISTOSO NO PEQUENO ESTÁDIO ADAUTO MORAES. NOVOS RUBRO-NEGROS, COMO O GOLEIRO FILLOL E O JOVEM BAIANO BEBETO, E OUTROS QUE VOLTAVAM A CASA, COMO NUNES E ZAGALLO, VIRAM UM AMOR QUE NÃO TEM MEDIDA NEM FRONTEIRA. SIM, A VIDA CONTINUAVA. E O FLAMENGO TAMBÉM.

EM 1984, FORMOU-SE NA GÁVEA UM GRANDE TIME DE BASQUETE, COM OS REFORÇOS DE MARCELO VIDO, MARQUINHOS, NILO, CARIOQUINHA E FILLOY. O FLAMENGO VOLTOU A SER CAMPEÃO CARIOCA, DOMÍNIO QUE PROSSEGUIRIA EM 1985 E 1986, JÁ COM A EQUIPE BASTANTE MODIFICADA.

NO ENTANTO, A CONQUISTA DE 1984 SERIA MARCADA POR UMA DOR PROFUNDA. NA NOITE DE SEXTA-FEIRA, 21 DE DEZEMBRO, OS RUBRO-NEGROS VENCERAM O VASCO POR 79 X 70 E EMPATARAM A MELHOR DE TRÊS QUE VALIA O CAMPEONATO.

EM VEZ DE COMEMORAR, A TORCIDA SOLTOU UM GRITO DE ESPERANÇA. NO DIA ANTERIOR, UM AVIÃO MONOMOTOR HAVIA CAÍDO EM NOVA FRIBURGO E OS BOMBEIROS AINDA BUSCAVAM SOBREVIVENTES. ENTRE OS PASSAGEIROS, ESTAVAM O ZAGUEIRO FIGUEIREDO E NEWTON, IRMÃO DO ATACANTE BEBETO.

FIGUEIREDO! FIGUEIREDO! FIGUEIREDO!

NO FINAL DA TARDE DE SÁBADO, OS BOMBEIROS CESSARAM AS BUSCAS. NÃO HAVIA SOBREVIVENTES. À NOITE, O FLAMENGO VENCEU O VASCO POR 86 X 76 E DEDICOU O TÍTULO ÀS VÍTIMAS.

FIGUEIREDO FOI SEPULTADO NO DIA 23 DE DEZEMBRO DE 1984, DATA EM QUE COMPLETARIA 24 ANOS. OBRIGADO POR TUDO, PRESIDENTE.

EM 1985, O PUBLICITÁRIO ROGÉRIO STEINBERG CONSTRUIU E EXECUTOU AS CAMPANHAS DE DUAS CONTRATAÇÕES QUE PARECIAM UM SONHO.

O PRIMEIRO A CHEGAR FOI ZICO. NO DIA 12 DE JULHO, ELE VOLTOU A VESTIR O MANTO SAGRADO EM UM AMISTOSO CONTRA UMA SELEÇÃO DE ASTROS: 3 X 1 PARA O FLAMENGO, COM UM GOL DE FALTA DELE.

DOIS DIAS DEPOIS, O PRIMEIRO JOGO OFICIAL CONTRA O BAHIA. NO COMEÇO DO SEGUNDO TEMPO, FALTA NA MEIA DIREITA. NA RÁDIO TUPI, JORGE CURI DIMENSIONOU A EXPECTATIVA: "ZICÃO AJEITA A PELOTA E O MARACANÃ NEM RESPIRA".

A COBRANÇA SAIU PERFEITA. FOI O SEGUNDO GOL RUBRO-NEGRO NA VITÓRIA POR 3 X 0 E O ÚLTIMO DE ZICO QUE JORGE CURI NARROU NO MAIOR DO MUNDO.

LÁ VEM ZICO, ATIROU... É CEEESTAAA! GOOOOOOLAÇO-AÇO-AÇOOO! ZICOOO... ZICAÇOOO... ZICAÇOOO!

UM MÊS E MEIO DEPOIS, ZICO SOFREU UMA FALTA CRIMINOSA, TÃO VIOLENTA QUE AS CONSEQUÊNCIAS O ACOMPANHARIAM PELO RESTO DE SUA CARREIRA.

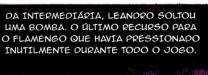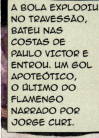

SEM SÓCRATES E ZICO, LESIONADOS, LAZARONI MONTOU UM FLAMENGO COMBATIVO.

ZÉ CARLOS ASSUMIU A CAMISA 1, TREINADO PELO EX-GOLEIRO RUBRO-NEGRO NIELSEN.

COM SEUS CRUZAMENTOS PERFEITOS, JORGINHO MOSTRAVA QUE JÁ ERA O MELHOR LATERAL-DIREITO DO PAÍS.

AOS 20 ANOS, ALDAIR DESPONTAVA NA ZAGA E SUBSTITUIU MOZER À ALTURA NA RETA FINAL DO CAMPEONATO ESTADUAL.

PARA SOLTAR O GRITO DE CAMPEÃO, OS RUBRO-NEGROS BATERAM O VASCO NA TAÇA RIO E NA DECISÃO DO CAMPEONATO, COM BEBETO E JÚLIO CÉSAR FAZENDO OS GOLS DECISIVOS.

APÓS O ÚLTIMO JOGO, VITÓRIA POR 2 X 0 EM 10 DE AGOSTO DE 1986. LEANDRO, ANDRADE E ADÍLIO COMANDARAM A VOLTA OLÍMPICA COMO SE FOSSEM OS PROFESSORES DA GAROTADA, DIFERENTES GERAÇÕES CONFIRMANDO QUE CRAQUES E CAMPEÕES O FLAMENGO FAZ EM CASA.

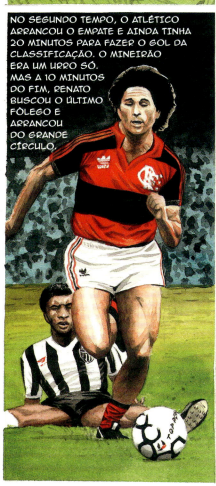

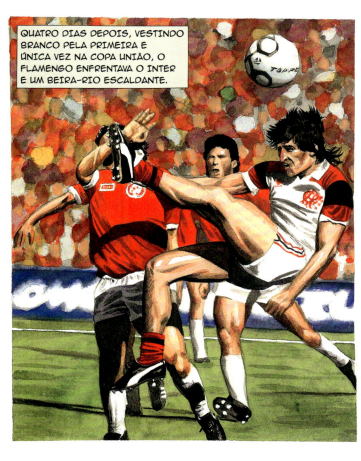

QUATRO DIAS DEPOIS, VESTINDO BRANCO PELA PRIMEIRA E ÚNICA VEZ NA COPA UNIÃO, O FLAMENGO ENFRENTAVA O INTER E UM BEIRA-RIO ESCALDANTE.

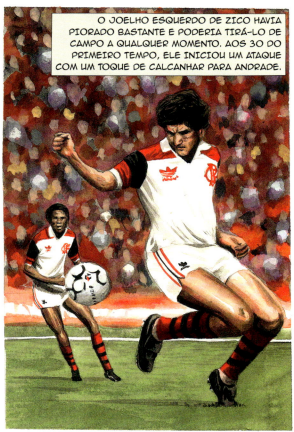

O JOELHO ESQUERDO DE ZICO HAVIA PIORADO BASTANTE E PODERIA TIRÁ-LO DE CAMPO A QUALQUER MOMENTO. AOS 30 DO PRIMEIRO TEMPO, ELE INICIOU UM ATAQUE COM UM TOQUE DE CALCANHAR PARA ANDRADE.

DE ANDRADE A BOLA FOI PARA JORGINHO, QUE A DEIXOU PARA RENATO. O CAMISA 7 GANHOU O FUNDO DO CAMPO E PINGOU A BOLA NA CABEÇA DE BEBETO.

TAFFAREL PULOU EM VÃO. BEBETO CHEGAVA AO TERCEIRO GOL EM TRÊS JOGOS NA FASE DECISIVA. MAS A VANTAGEM DUROU POUCO, PORQUE O INTER EMPATOU LOGO DEPOIS.

O LANCE MAIS PERIGOSO DO SEGUNDO TEMPO FOI UMA BICICLETA QUASE PERFEITA DE BEBETO, QUE ESTOUROU NO TRAVESSÃO. NINGUÉM TERIA VANTAGEM PARA O JOGO DE VOLTA NO MARACANÃ.

AOS 33 MINUTOS DO SEGUNDO TEMPO, ZICO DEIXOU O CAMPO. O MAIOR JOGADOR DA HISTÓRIA DO CLUBE ENCERRAVA ALI DUAS SEMANAS DE SACRIFÍCIO EXTREMO. UMA DECLARAÇÃO DE AMOR AO FLAMENGO E À BOLA.

EI, EI, EI, O ZICO É NOSSO REI!

NO INÍCIO DA NOITE DE 13 DE DEZEMBRO DE 1987, REI ARTHUR LEVANTOU PELA QUARTA E ÚLTIMA VEZ O TROFÉU DE CAMPEÃO DO BRASIL.

TETRACAMPEÃO! TETRACAMPEÃO! TETRACAMPEÃO!

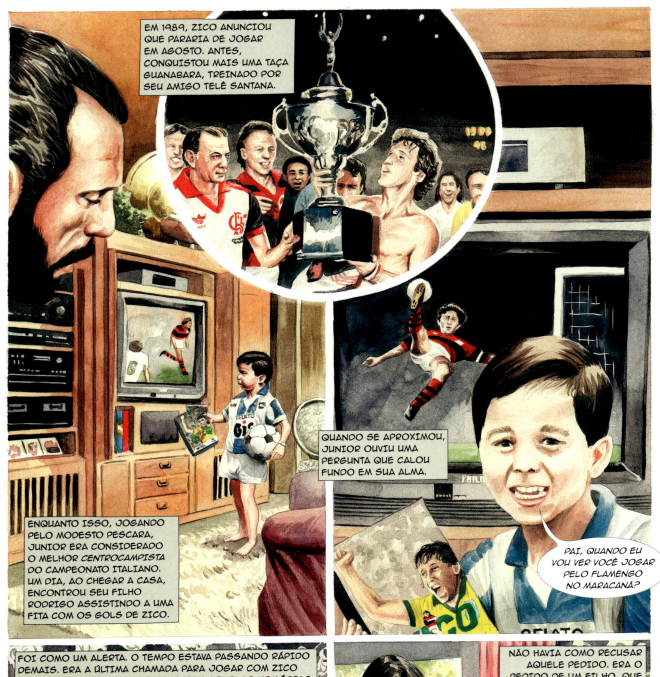

EM 1989, ZICO ANUNCIOU QUE PARARIA DE JOGAR EM AGOSTO. ANTES, CONQUISTOU MAIS UMA TAÇA GUANABARA, TREINADO POR SEU AMIGO TELÊ SANTANA.

ENQUANTO ISSO, JOGANDO PELO MODESTO PESCARA, JUNIOR ERA CONSIDERADO O MELHOR *CENTROCAMPISTA* DO CAMPEONATO ITALIANO. UM DIA, AO CHEGAR A CASA, ENCONTROU SEU FILHO RODRIGO ASSISTINDO A UMA FITA COM OS GOLS DE ZICO.

QUANDO SE APROXIMOU, JUNIOR OUVIU UMA PERGUNTA QUE CALOU FUNDO EM SUA ALMA.

"PAI, QUANDO EU VOU VER VOCÊ JOGAR PELO FLAMENGO NO MARACANÃ?"

FOI COMO UM ALERTA. O TEMPO ESTAVA PASSANDO RÁPIDO DEMAIS. ERA A ÚLTIMA CHAMADA PARA JOGAR COM ZICO NO FLAMENGO. OS FILHOS MERECIAM AQUELAS MEMÓRIAS AFETIVAS E A SAUDADE JÁ ESTAVA GRANDE DEMAIS.

NÃO HAVIA COMO RECUSAR AQUELE PEDIDO. ERA O PEDIDO DE UM FILHO, QUE TAMBÉM ERA O DE TODA UMA NAÇÃO: A RUBRO-NEGRA.

"MEU AMOR, CHEGOU A HORA. VAMOS VOLTAR PARA O BRASIL."

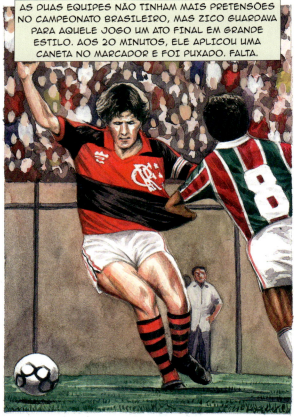

DE CONTRATO RENOVADO, JUNIOR PARTIU COM O FLAMENGO PARA JOGOS NO EXTERIOR. NO DIA 6 DE AGOSTO DE 1990, COMANDOU UMA EXIBIÇÃO ARRASADORA EM TÓQUIO, CONTRA A REAL SOCIEDAD, EM JOGO ÚNICO DA COPA SHARP: 7 X 0.

JUNIOR ERGUEU O TROFÉU NO TOKYO DOME AO LADO DE GAÚCHO, AUTOR DE TRÊS GOLS, E DE RENATO, QUE FEZ DOIS. BUJICA E O NOVO CAMISA DEZ, BOBÔ, COMPLETARAM A FESTA.

QUATRO DIAS DEPOIS, PELA *MARLBORO CUP*, O FLAMENGO BATEU A SELEÇÃO NORTE-AMERICANA EM NOVA JERSEY, COM O ZAGUEIRO FERNANDO FUZILANDO TONY MEOLA.

NA DECISÃO, NO DIA 12 DE AGOSTO, O FLAMENGO LEVOU O TÍTULO REPETINDO O MARCADOR DE 1 X 0 CONTRA O ALIANZA, DO PERU, COM UM GOLAÇO DE GAÚCHO DA ENTRADA DA ÁREA.

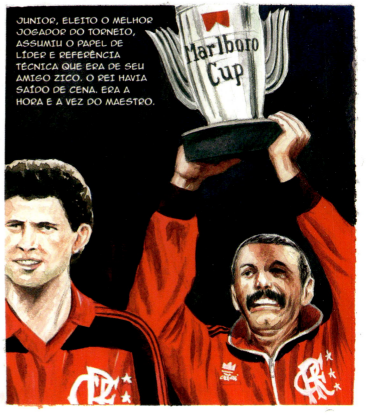

JUNIOR, ELEITO O MELHOR JOGADOR DO TORNEIO, ASSUMIU O PAPEL DE LÍDER E REFERÊNCIA TÉCNICA QUE ERA DE SEU AMIGO ZICO. O REI HAVIA SAÍDO DE CENA. ERA A HORA E A VEZ DO MAESTRO.

JUNIOR QUERIA VOLTAR A SER CAMPEÃO NO MARACANÃ, MAS CERTAMENTE NÃO IMAGINAVA O QUE O FUTURO LHE RESERVAVA. A COMEÇAR PELO CAMPEONATO CARIOCA DE 1991, QUANDO ELE E CARLINHOS MONTARAM UM FLAMENGO INESQUECÍVEL.

GILMAR RINALDI ASSUMIU A CAMISA 1. NA LATERAL DIREITA, CHARLES GUERREIRO SE IMPÔS PELA RAÇA. GOTTARDO, SÓBRIO, REGULAVA A INTEMPERANÇA DE JÚNIOR BAIANO NA ZAGA. NA ESQUERDA, PIÁ ERA MAIS ALA DO QUE LATERAL.

O MEIO GIRAVA AO REDOR DE JUNIOR. UIDEMAR, MAIS RESGUARDADO. NÉLIO FLUTUAVA E ABRIA ESPAÇOS. ZINHO ALONGAVA E ENCURTAVA O CAMPO COM A MESMA NATURALIDADE E JUNIOR CONDUZIA O ANDAMENTO. COISA DE MAESTRO.

PAULO NUNES DAVA AO ATAQUE A LEVEZA QUE FALTAVA A GAÚCHO, QUE ATACAVA A ÁREA COM A CONTUNDÊNCIA QUE FALTAVA A PAULO NUNES. UMA DUPLA DE ALMANAQUE.

O PRIMEIRO FLA-FLU DA DECISÃO, NO DIA 15 DE DEZEMBRO DE 1991, TERMINOU EM 1 X 1. O SEGUNDO, QUATRO DIAS DEPOIS, FOI DISPUTADO SOB UM TEMPORAL. O FLAMENGO SERIA CAMPEÃO COM UMA VITÓRIA, E QUALQUER OUTRO RESULTADO FORÇARIA UM TERCEIRO JOGO.

O FLUMINENSE FEZ 1 X 0 NO PRIMEIRO TEMPO. MAS O FLAMENGO ERA MUITO SUPERIOR E EMPATOU AOS 12 DA ETAPA FINAL, COM UIDEMAR DESVIANDO DE CABEÇA APÓS CRUZAMENTO DE PIÁ.

PIÁ, PELA ESQUERDA, PROVAVA SUA VOCAÇÃO DECISIVA. AOS 25, ELE DOMINOU E VIU GAÚCHO NA ÁREA.

A BOLA SOBREVOOU A ÁREA TRICOLOR E CAIU ENTRE DOIS BEQUES. GAÚCHO VOOU E ROMPEU A CORTINA D'ÁGUA PARA ACERTAR UMA CABEÇADA INDEFENSÁVEL.

ARTILHEIRO DO CAMPEONATO COM 17 GOLS, ELE DIRIA DEPOIS DO JOGO: "MARCAR DE CABEÇA COM A CAMISA DO FLAMENGO EM UMA DECISÃO É O PONTO ALTO DA MINHA VIDA".

POUCO DEPOIS, NÉLIO AJEITOU DE CABEÇA E ZINHO SOLTOU UM PETARDO DE FORA DA ÁREA. ASSIM QUE A BOLA ENTROU, A CHUVA AUMENTOU DE INTENSIDADE, COMO QUE ATIVADA PELA EXPLOSÃO RUBRO-NEGRA.

O FLUMINENSE DESCONTOU, E UM EVENTUAL EMPATE ARRASTARIA A DECISÃO PARA O TERCEIRO JOGO. JUNIOR, ENTÃO, DEIXOU ZINHO NA CARA DO GOLEIRO E RECEBEU DE VOLTA PARA ESTUFAR A REDE TRICOLOR.

ERAM 39 MINUTOS DO SEGUNDO TEMPO E O PLACAR ELETRÔNICO DO MARACANÃ REGISTRAVA O ÚLTIMO RESULTADO DO CAMPEONATO CARIOCA DE 1991.

O CONTRATO DE JUNIOR ESTAVA SE ENCERRANDO, O QUE FARIA DAQUELE O ÚLTIMO GOL. UM GOL DE TÍTULO. TODOS OS ABRAÇOS ERAM PARA O MAESTRO.

MAS, DE TODOS OS ABRAÇOS, UM SERIA O MAIOR. APÓS O APITO FINAL, JUNIOR ENCONTROU SEU FILHO RODRIGO, O RESPONSÁVEL PELA VOLTA DA ITÁLIA, ÀS LÁGRIMAS.

PAI, NÓS SOMOS CAMPEÕES!

O QUE MAIS JUNIOR PODERIA QUERER DO FUTEBOL? O ÚNICO REMANESCENTE DOS CAMPEÕES MUNDIAIS FAZIA, EM CAMPO, A PASSAGEM DE BASTÃO PARA UMA NOVA GERAÇÃO. MAS RESTAVA UMA PERGUNTA: COMO PARAR O CORPO SE A ALMA PEDIA MAIS?

MAIS TARDE, NO RESTAURANTE *LA MAMMA*, CARLINHOS, TAMBÉM EM FINAL DE CONTRATO, PERGUNTOU A JUNIOR SE ELE CONTINUARIA A JOGAR. JUNIOR DISSE QUE SIM, DESDE QUE CARLINHOS TAMBÉM CONTINUASSE. PACTO SELADO COM CHOPE GELADO E *SCOTCH ON THE ROCKS*.

PARA SE CLASSIFICAR PARA O QUADRANGULAR SEMIFINAL, SEM DEPENDER DE OUTROS RESULTADOS, O FLAMENGO PRECISARIA VENCER O INTER NO DIA 31 DE MAIO DE 1992, NA ÚLTIMA RODADA DA FASE CLASSIFICATÓRIA.

OITENTA MIL PESSOAS VIRAM UMA DOUTRINAÇÃO DE JUNIOR. O MAESTRO LANÇOU, DRIBLOU, DEU LENÇOL, CHUTOU E REGEU O TIME E A MASSA.

ELE ABRIU O MARCADOR COM UM GOLAÇO DE FALTA, QUE DEIXOU O MARACANÃ EM TRANSE.

JUNIOR! JUNIOR! JUNIOR!

NAQUELE MOMENTO, JUNIOR TEVE A CERTEZA DE QUE O TÍTULO BRASILEIRO ESTAVA PRÓXIMO. OUTRAS EQUIPES TINHAM O FAVORITISMO, MAS ELE SABIA RECONHECER O FLAMENGO EM ESTADO BRUTO, A UNIÃO PLENA ENTRE CAMPO E ARQUIBANCADA, CADEIRAS E GERAL.

ZINHO FEZ 2 X 0 NO SEGUNDO TEMPO. VITÓRIA ASSEGURADA, O MAESTRO FOI SUBSTITUÍDO SOB UMA ACLAMAÇÃO QUE FEZ O MARACANÃ BALANÇAR.

NA FALAS APÓS O JOGO, FOI PRECISO USAR TODA A EXPERIÊNCIA PARA CONTER A EMPOLGAÇÃO. AFINAL, COMO POUCOS, JUNIOR SABIA QUE DAQUELE MODO O FLAMENGO ERA UMA FORÇA DA NATUREZA.

ESSA GALERA AÍ É A NOSSA FORÇA. VAMOS FAZER DE TUDO PARA VIVER OUTROS MOMENTOS ESPECIAIS COMO ESSE DE HOJE.

POUCO DEPOIS DAS CINCO DA TARDE DE 19 DE JULHO DE 1992, ROLOU A BOLA DO QUINTO TÍTULO NACIONAL DO FLAMENGO, DIANTE DE 145.230 PRESENTES PELOS MODESTOS NÚMEROS OFICIAIS.

NO FINAL DO PRIMEIRO TEMPO, ACONTECEU O ATO QUE DEU INÍCIO À LOUCURA RUBRO-NEGRA. JUNIOR COBROU UMA FALTA DA ENTRADA DA ÁREA IMPULSIONANDO A BOLA COM LEVEZA.

COMO UM PÁSSARO, ELA POUSOU SUAVEMENTE NA REDE ALVINEGRA. A SUTILEZA DO LANCE FOI INVERSAMENTE PROPORCIONAL AO TRANSE CAÓTICO QUE TOMOU CONTA DO MARACANÃ.

DE TANTA ALEGRIA, JUNIOR NÃO CABIA NO MANTO SAGRADO E A TORCIDA NÃO CABIA NO MARACANÃ. NÃO ERA SÓ O ESTÁDIO QUE BALANÇAVA. O SOLO OCUPADO PELA NAÇÃO, DE NORTE A SUL, TREMIA. EM LETRAS DOURADAS, O MAESTRO ASSINAVA O PENTACAMPEONATO BRASILEIRO DO FLAMENGO.

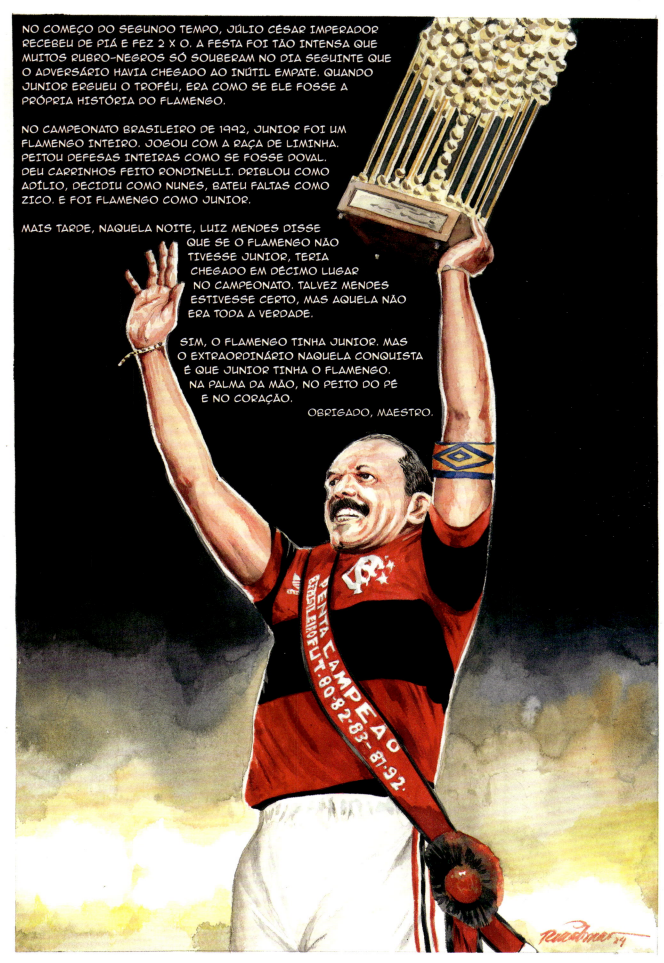

NO COMEÇO DO SEGUNDO TEMPO, JÚLIO CÉSAR IMPERADOR RECEBEU DE PIÁ E FEZ 2 X 0. A FESTA FOI TÃO INTENSA QUE MUITOS RUBRO-NEGROS SÓ SOUBERAM NO DIA SEGUINTE QUE O ADVERSÁRIO HAVIA CHEGADO AO INÚTIL EMPATE. QUANDO JUNIOR ERGUEU O TROFÉU, ERA COMO SE ELE FOSSE A PRÓPRIA HISTÓRIA DO FLAMENGO.

NO CAMPEONATO BRASILEIRO DE 1992, JUNIOR FOI UM FLAMENGO INTEIRO. JOGOU COM A RAÇA DE LIMINHA. PEITOU DEFESAS INTEIRAS COMO SE FOSSE DOVAL. DEU CARRINHOS FEITO RONDINELLI. DRIBLOU COMO ADÍLIO, DECIDIU COMO NUNES, BATEU FALTAS COMO ZICO. E FOI FLAMENGO COMO JUNIOR.

MAIS TARDE, NAQUELA NOITE, LUIZ MENDES DISSE QUE SE O FLAMENGO NÃO TIVESSE JUNIOR, TERIA CHEGADO EM DÉCIMO LUGAR NO CAMPEONATO. TALVEZ MENDES ESTIVESSE CERTO, MAS AQUELA NÃO ERA TODA A VERDADE.

SIM, O FLAMENGO TINHA JUNIOR. MAS O EXTRAORDINÁRIO NAQUELA CONQUISTA É QUE JUNIOR TINHA O FLAMENGO. NA PALMA DA MÃO, NO PEITO DO PÉ E NO CORAÇÃO.

OBRIGADO, MAESTRO.

PARA O ANO DE SEU CENTENÁRIO, O FLAMENGO ELEGEU KLEBER LEITE COMO PRESIDENTE. A PRIMEIRA AÇÃO DO NOVO MANDATÁRIO SACUDIU O FUTEBOL MUNDIAL: KLEBER FOI À ESPANHA E TIROU DO BARCELONA O MELHOR JOGADOR DO MUNDO À ÉPOCA.

NA GÁVEA, ROMÁRIO FORMOU DUPLA COM UMA REVELAÇÃO DO ANO ANTERIOR. LANÇADO NO TIME PRINCIPAL POR JUNIOR, QUE ASSUMIU O POSTO DE TREINADOR LOGO APÓS PENDURAR AS CHUTEIRAS, SÁVIO SE TORNOU O NOVO CAMISA 10 DA GÁVEA.

NA DECISÃO DA TAÇA GUANABARA, NO DIA 23 DE MARÇO DE 1995, ROMÁRIO JOGOU COM O BRAÇO ESQUERDO IMOBILIZADO POR UMA TALA, DEVIDO A UMA LESÃO NO COTOVELO. E MESMO COM UM BRAÇO SÓ, ACABOU COM O BOTAFOGO.

APÓS ABRIR O MARCADOR COBRANDO PÊNALTI QUE ELE MESMO SOFREU, O CAMISA 11 SUBIU MAIS DO QUE A ZAGA E AMPLIOU A VANTAGEM PARA 2 X 0.

O ADVERSÁRIO BUSCOU A IGUALDADE, MAS ROMÁRIO FEZ O GOL DO TÍTULO NO FIM. SEIS ANOS DEPOIS DE SUA ÚLTIMA TAÇA GUANABARA, AINDA SOB O COMANDO DE ZICO, O FLAMENGO VOLTAVA A ERGUER O TROFÉU DO QUAL É O MAIOR VENCEDOR.

SEM ROMÁRIO, TRANSFERIDO PARA O FUTEBOL EUROPEU, O FLAMENGO VENCEU A COPA OURO SUL-AMERICANA, EM 16 DE AGOSTO DE 1996. SÁVIO BRILHOU NA DECISÃO DISPUTADA EM MANAUS E FEZ TODOS OS GOLS DO 3 X 1 CONTRA O SÃO PAULO.

O CAPITÃO RONALDÃO ERGUEU O TROFÉU, CELEBRANDO A CONQUISTA DA PRIMEIRA COMPETIÇÃO CONTINENTAL OFICIAL QUE O FLAMENGO VENCEU, DESDE A LIBERTADORES DE 1981.

NO FINAL DA NOITE DE 30 DE OUTUBRO DE 1996, O FLAMENGO DEU ADEUS A GUILHERME AUGUSTO DO EIRADO SILVA, O BUCK, VITIMADO POR UM ENFARTE. NO CAMPEONATO CARIOCA, BUCK COMANDOU O FLAMENGO EM 35 EDIÇÕES, VENCENDO 31, ALÉM DE NOVE TÍTULOS DO TROFÉU BRASIL. OBRIGADO, MONSTRO DA LAGOA.

O ANO RUBRO-NEGRO FOI ENCERRADO COM A FESTA DO BASQUETE, EM 19 DE DEZEMBRO. AO VENCER O TIJUCA POR 96 X 95 NO MARACANÃZINHO, O FLAMENGO CHEGOU AO TRICAMPEONATO CARIOCA, EM GRANDE ATUAÇÃO DE BRENT MERRIT, COM 28 PONTOS.

TREINADO POR MIGUEL ÂNGELO DA LUZ, O FLAMENGO TINHA DESTAQUES COMO ALBERTO, GEMA E OLÍVIA, MAS O MAIOR NOME DA NOITE FOI ALVIN FREDERICK, QUE ANOTOU 31 PONTOS E CONVERTEU OS DOIS LANCES LIVRES QUE DERAM OS NÚMEROS FINAIS AO JOGO DO TRICAMPEONATO.

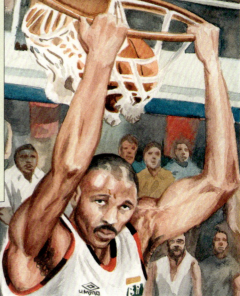

NA CHUVOSA NOITE DE 5 DE NOVEMBRO DE 1999, A GOLEADA POR 4 X 0 CONTRA O INDEPENDIENTE VALEU A VAGA PARA A SEMIFINAL DA COPA MERCOSUL.

"... VOU LEVAR FOGUETES E BANDEIRA, NÃO VAI SER DE BRINCADEIRA..."

PARA A SEMIFINAL CONTRA O PEÑAROL, O FLAMENGO SE VIU SEM ROMÁRIO, MANDADO EMBORA DO CLUBE. MESMO ASSIM, CHEGOU À FINAL APÓS UMA BATALHA CAMPAL NO CENTENÁRIO, ONDE REINALDO MARCOU UM GOL DE PLACA.

NA PRIMEIRA PARTIDA DA DECISÃO ENTRE FLAMENGO E PALMEIRAS, EM 16 DE DEZEMBRO, OS GAROTOS RUBRO-NEGROS FICARAM DUAS VEZES ATRÁS NO MARCADOR, MAS CHEGARAM À ÉPICA VITÓRIA POR 4 X 3.

QUATRO DIAS DEPOIS, NO PARQUE ANTARCTICA, O PALMEIRAS IA VENCENDO POR 3 X 2 E FORÇANDO A TERCEIRA PARTIDA, NA QUAL JOGARIA PELO EMPATE. MAS, A OITO MINUTOS DO FIM, OS GAROTOS BRILHARAM: REINALDO DEU DE LETRA, LÊ SAIU NA CARA DO GOL E MARCOU COM UM TOQUE DE CLASSE.

O FAVORITISMO DO PALMEIRAS FOI DERRUBADO POR LÊ, REINALDO, LEANDRO MACHADO, CAIO, ATHIRSON, CLEMER E OUTROS, MAS, SOBRETUDO, POR CARLINHOS.

ANTES DA SEMIFINAL, A DIRETORIA HAVIA ANUNCIADO QUE CARLINHOS NÃO SERIA O TÉCNICO EM 2000. MESMO ASSIM, ELE LEVOU O TIME AO SEGUNDO TÍTULO DO ANO. AO FINAL, PERGUNTADO SE ESTAVA ABORRECIDO COM A DEMISSÃO, DEU UMA RESPOSTA HISTÓRICA.

"EU NÃO TRABALHO PARA DIRETORES, EU SIRVO AO FLAMENGO. ELES VÃO ME CHAMAR DE NOVO, MESMO QUE NÃO QUEIRAM, E EU VOU SER CAMPEÃO DE NOVO. DELES, TENHO PENA. DO FLAMENGO, TENHO ORGULHO."

EM 2001, O FLAMENGO INICIOU A LUTA PELO TRICAMPEONATO CARIOCA COM UMA EQUIPE BEM DIFERENTE DA QUE HAVIA SIDO BICAMPEÃ, MAS FORMADA AINDA NO ANO ANTERIOR. PETKOVIC E EDÍLSON ERAM AS ESTRELAS, EMBORA NINGUÉM BRILHASSE MAIS QUE O COMANDANTE: MÁRIO JORGE LOBO ZAGALLO.

NA ZAGA, JUAN E GAMARRA FAZIAM A COMBINAÇÃO PERFEITA ENTRE JUVENTUDE E EXPERIÊNCIA, PRATA DA CASA E JOGADOR CONSAGRADO, CLASSE E IMPETUOSIDADE.

NO ATAQUE, ADRIANO COMEÇAVA A DESPONTAR E MARCOU UM DOS GOLS DA VITÓRIA POR 3 X 2 CONTRA O BANGU, EM MOÇA BONITA, NO DIA 10 DE FEVEREIRO.

O FLAMENGO SE TORNOU CAMPEÃO DA TAÇA GUANABARA APÓS VENCER O FLUMINENSE NA DISPUTA DE PÊNALTIS, NO DIA 3 DE MARÇO. NO CHUTE DO LATERAL CÁSSIO, O GOLEIRO TRICOLOR VIU A BOLA ESPALMADA QUICAR NA PEQUENA ÁREA E IR AO FUNDO DO GOL. PARA ZAGALLO, GOL DE SANTO ANTÔNIO.

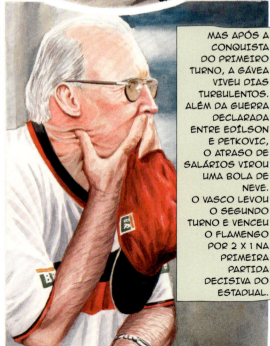

MAS APÓS A CONQUISTA DO PRIMEIRO TURNO, A GÁVEA VIVEU DIAS TURBULENTOS. ALÉM DA GUERRA DECLARADA ENTRE EDÍLSON E PETKOVIC, O ATRASO DE SALÁRIOS VIROU UMA BOLA DE NEVE. O VASCO LEVOU O SEGUNDO TURNO E VENCEU O FLAMENGO POR 2 X 1 NA PRIMEIRA PARTIDA DECISIVA DO ESTADUAL.

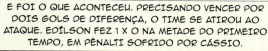

LOGO DEPOIS DO ESTADUAL, O FLAMENGO GANHOU A COPA DOS CAMPEÕES SUPERANDO O SÃO PAULO NA FINAL. PET FEZ UM GOL IDÊNTICO AO DO TRICAMPEONATO. GRIFE DE LUXO.

EM 27 DE OUTUBRO DE 2001, OSCAR SE TORNOU RECORDISTA MUNDIAL AO CHEGAR A 46.727 PONTOS NA CARREIRA. NO ANO SEGUINTE, AOS 44 ANOS, O MÃO SANTA LEVARIA O FLAMENGO AO TÍTULO ESTADUAL, MESMO COM O CLUBE JÁ MERGULHADO NA MAIOR CRISE FINANCEIRA DA SUA HISTÓRIA.

A DRAMÁTICA SITUAÇÃO ADMINISTRATIVA PEDIU O RETORNO DE RUBRO-NEGROS HISTÓRICOS À GÁVEA. EM 5 DE JANEIRO DE 2004, MARCIO BRAGA TOMOU POSSE COMO PRESIDENTE E APRESENTOU JUNIOR COMO DIRETOR DE FUTEBOL.

MESMO COM POUCOS RECURSOS, VEIO O TÍTULO DE CAMPEÃO CARIOCA. NA FINAL, FELIPE ENTORTOU O VASCO E JEAN FEZ OS TRÊS GOLS DA VITÓRIA POR 3 X 1.

113

EM 2005, KLEBER LEITE E JOEL SANTANA CHEGARAM PARA EVITAR O PIOR NO CAMPEONATO BRASILEIRO. LÉO MOURA, OBINA E RENATO ABREU FORAM GIGANTES.

MAS A TEMPORADA TAMBÉM FOI MARCADA POR UMA SUPERAÇÃO: O TÍTULO ESTADUAL DE BASQUETE, BATENDO O FAVORITO TELEMAR NO DIA 22 DE DEZEMBRO DE 2005, COM ALEXEY ANOTANDO 24 PONTOS.

EM 2007, ABRIU-SE O CAMINHO PARA O QUINTO TRICAMPEONATO CARIOCA, COM DESTAQUE PARA RENATO ABREU, SOUZA E LÉO MOURA.

NO BICAMPEONATO, EM 2008, OBINA E TARDELLI MARCARAM OS GOLS DECISIVOS, COM FÁBIO LUCIANO NA ZAGA E IBSON COMANDANDO O MEIO DE CAMPO.

A ALEGRIA EM 2008 SE ESTENDEU ÀS QUADRAS COM A CONQUISTA DO PRIMEIRO CAMPEONATO BRASILEIRO DE BASQUETE DA HISTÓRIA DO CLUBE. NA SÉRIE FINAL, OS RUBRO-NEGROS ATROPELARAM O BRASÍLIA. MARCELINHO MACHADO ANOTOU 732 PONTOS E FOI O CESTINHA DO TORNEIO.

♪ CHORA, NÃO VOU LIGAR... ♪

2009 TAMBÉM FOI MARCADO PELO TRI ESTADUAL NO FUTEBOL, CONTRA O MESMO ADVERSÁRIO DOS DOIS ÚLTIMOS ANOS. NA TARDE DE 3 DE MAIO, O FLAMENGO SE TORNOU O MAIOR CAMPEÃO CARIOCA DE TODOS OS TEMPOS.

♪ E NINGUÉM CALA ESSE CHORORÔ... ♪

NO ANO SEGUINTE, TEVE INÍCIO A DISPUTA DO NOVO BASQUETE BRASIL, E O FLAMENGO FEZ A TRÍPLICE COROA, GANHANDO O NBB, A LIGA SUL-AMERICANA E O QUINTO ESTADUAL CONSECUTIVO. ALÉM DE MARCELINHO, BRILHOU O SEU IRMÃO, DUDA.

NO CAMPEONATO BRASILEIRO DE 2009, A NAÇÃO FEZ O MARACANÃ TREMER COM O REGRESSO DE UM VELHO CONHECIDO.

OOOO... O IMPERADOR VOLTOU...

MAS ADRIANO NÃO FOI O ÚNICO A VOLTAR À CASA. UM CERTO GRINGO, ÀS PORTAS DE COMPLETAR 37 ANOS, PROVARIA QUE DRIBLAR A IDADE É COISA PARA MAESTROS...

ANDRADE ASSUMIU O COMANDO TÉCNICO COM O CAMPEONATO EM ANDAMENTO, NA VITÓRIA DO DIA 26 DE JULHO CONTRA O SANTOS, NA VILA, DOIS DIAS DEPOIS DO FALECIMENTO DO EX--GOLEIRO ZÉ CARLOS.

DEDICO ESSA VITÓRIA AO ZÉ CARLOS, QUE HOJE NÃO ESTÁ MAIS COM A GENTE...

NO DOMINGO, 20 DE SETEMBRO, CONTRA O CORITIBA, ADRIANO E PET AJUSTARAM A SINTONIA FINA. O CAMISA 43 FEZ O PRIMEIRO, DE FALTA.

MAIS TARDE, ADRIANO TOCOU PARA PET, QUE DEVOLVEU EM PROFUNDIDADE. DE FORA DA ÁREA, ADRIANO FEZ UM GOL ANTOLÓGICO POR COBERTURA.

WILLIANS FECHARIA O PLACAR EM 3 X 0 COM OUTRO GOLAÇO, MAS A MANCHETE DO *JORNAL DO BRASIL* BATIZOU A DUPLA QUE TORNARIA AQUELE TIME ETERNO: "O MAESTRO E O IMPERADOR".

A VITÓRIA CONTRA O CORITIBA FEZ O FLAMENGO CHEGAR AO OITAVO LUGAR, A SETE PONTOS DOS LÍDERES PALMEIRAS E SÃO PAULO.

E FOI DEPOIS DE DERRUBAR OS DOIS ADVERSÁRIOS PAULISTAS EM ATUAÇÕES MEMORÁVEIS DE PETKOVIC, NOS DIAS 10 E 18 DE OUTUBRO, QUE A NAÇÃO PASSOU A ACREDITAR NO TÍTULO. AFINAL, DEIXOU CHEGAR...

PET JÁ HAVIA FEITO UM GOL OLÍMPICO CONTRA O PALMEIRAS, E FEZ OUTRO NO 3 X 1 CONTRA O ATLÉTICO, FORA DE CASA, NO DIA 8 DE NOVEMBRO. MALDONADO MARCOU O SEGUNDO E ADRIANO CALOU DE VEZ O MINEIRÃO.

APÓS VENCER O CORINTHIANS NA PENÚLTIMA RODADA, EM CAMPINAS, O FLAMENGO ENFIM CHEGOU À LIDERANÇA. O HEXACAMPEONATO ESTAVA PRÓXIMO.

♪ COM MEU MANTO SAGRADO... E A BANDEIRA NA MÃO... ♪

EM 2011, PATRICIA AMORIM, A PRIMEIRA MULHER A PRESIDIR O FLAMENGO, APRESENTOU NA GÁVEA UMA DAS MAIS IMPACTANTES CONTRATAÇÕES DA HISTÓRIA.

AGORA EU SOU MENGÃO!

RONALDINHO HONROU A CAMISA 10 AO MARCAR DE FALTA O GOL ÚNICO QUE VALEU A TAÇA GUANABARA, NO DIA 27 DE FEVEREIRO, CONTRA O BOAVISTA. GOL QUE MERECIA UM MARACANÃ LOTADO, MAS QUE O CRIME DE LESA-PÁTRIA QUE DERRUBOU O ESTÁDIO O FEZ ACONTECER NO ENGENHÃO.

NA DECISÃO DO SEGUNDO TURNO, NO DIA 1º DE MAIO, EMPATE SEM GOLS CONTRA O VASCO E VITÓRIA NOS PÊNALTIS. O FLAMENGO DE RONALDINHO, OU O BONDE DO MENGÃO SEM FREIO, TORNOU-SE CAMPEÃO CARIOCA INVICTO.

O MAIOR MOMENTO DE RONALDINHO COM O MANTO TAMBÉM FOI O MAIOR JOGO DA HISTÓRIA DO CAMPEONATO BRASILEIRO, NA VILA BELMIRO, EM 27 DE JULHO DE 2011. O SANTOS ABRIU 3 X 0. O FLAMENGO BUSCOU O EMPATE, MAS VOLTOU A FICAR EM DESVANTAGEM.

RONALDINHO EMPATOU, 4 X 4, COM UMA COBRANÇA MÁGICA DE FALTA, E POUCO DEPOIS FEZ O GOL DA VITÓRIA, O SEU TERCEIRO NA NOITE. ATÉ HOJE, PARECE QUE FOI UM SONHO.

O BASQUETE RUBRO-NEGRO CHEGOU AO TRICAMPEONATO NACIONAL NO DIA 1º DE JUNHO DE 2013, MESMO SEM MARCELINHO, LESIONADO. OLIVINHA DEU UM SHOW DE RAÇA, E CAIO TORRES FOI O MVP DA FINAL CONTRA O UBERLÂNDIA, COM 23 PONTOS E 10 REBOTES.

A CONQUISTA DA LIGA DAS AMÉRICAS EM 22 DE MARÇO DE 2014, CONTRA O PINHEIROS, ETERNIZOU COMO ÍDOLO O NORTE-AMERICANO JEROME MEYINSSE.

AINDA EM 2014, JOSÉ NETO LEVOU SEUS COMANDADOS AO QUARTO TÍTULO NACIONAL, CONTRA O PAULISTANO. E, NO DIA 28 DE SETEMBRO, AO BATER O MACCABI TEL AVIV POR 90 X 77, NO RIO, O ORGULHO DA NAÇÃO LEVANTOU A COPA INTERCONTINENTAL. CAMPEÃO MUNDIAL DE BASQUETEBOL.

O FUTEBOL RUBRO-NEGRO BRILHARIA EM 2019, MAS O ANO COMEÇOU COM A MAIS PROFUNDA TRISTEZA DA HISTÓRIA DO FLAMENGO. O DIA 8 DE FEVEREIRO DÓI NA ALMA. DEZ ESTRELAS A BRILHAR, CANTA A ARQUIBANCADA. O FLAMENGO VAI JOGAR PARA SEMPRE POR VOCÊS, CANTA A ARQUIBANCADA. ATHILA, ARTHUR, BERNARDO, CHRISTIAN, GEDSON, JORGE EDUARDO, PABLO HENRIQUE, RYKELMO, SAMUEL E VITOR. PARA SEMPRE POR VOCÊS, MENINOS. PARA SEMPRE.

O PRIMEIRO GRANDE DESAFIO DO FLAMENGO DE JESUS FOI REVERTER O QUADRO NAS OITAVAS DA LIBERTADORES. NA NOITE DE 31 DE JULHO, OS GOLS DE GABIGOL DESMONTARAM O 2 X 0 QUE O EMELEC HAVIA FEITO NO EQUADOR, E DIEGO ALVES BRILHOU NA DISPUTA DE PÊNALTIS.

DEZESSETE DIAS DEPOIS, EM BRASÍLIA, O TIME PASSOU A DANÇAR A MÚSICA QUE JORGE JESUS TINHA EM MENTE. A GOLEADA POR 4 X 1 NO VASCO, COM MAIS DOIS GOLS DE GABRIEL, FOI O PRIMEIRO DE MUITOS BAILES INESQUECÍVEIS.

NO MARACANÃ, EM 21 DE AGOSTO, O FLAMENGO BOTOU UM PÉ NA SEMIFINAL DA LIBERTADORES AO BATER O INTER POR 2 X 0, GOLS DE BRUNO HENRIQUE.

ANTES DO JOGO DE VOLTA CONTRA O INTER, OS RUBRO-NEGROS FORAM AO CASTELÃO NO DIA 25 E BATERAM O CEARÁ POR 3 X 0, PASSANDO A LIDERAR O BRASILEIRÃO, COM UMA OBRA DE ARTE DE ARRASCAETA NO TERCEIRO GOL.

NA NOITE DE 28 DE AGOSTO, O INTER ABRIU O PLACAR. PORÉM, O FLAMENGO ERA SUPERIOR E GABIGOL EMPATOU O JOGO NO FINAL, APÓS UMA ARRANCADA DE BRUNO HENRIQUE, CALANDO O BEIRA-RIO. A SEMIFINAL DA LIBERTADORES SERIA CONTRA O GRÊMIO.

COM A VITÓRIA POR 3 X 0 SOBRE O PALMEIRAS NO DIA 1º DE SETEMBRO, O FLAMENGO FOI RECONHECIDO PELA IMPRENSA COMO O TIME A SER BATIDO TANTO NO BRASILEIRÃO QUANTO NA LIBERTADORES.

GABRIEL FEZ SEU GOL MAIS BONITO COM O MANTO SAGRADO NA TARDE DE 14 DE SETEMBRO, O ÚNICO DA VITÓRIA CONTRA O SANTOS.

NA NOITE DE 2 DE OUTUBRO, NA ARENA DO GRÊMIO, TEVE INÍCIO A SEMIFINAL DA LIBERTADORES.

O EMPATE POR 1 X 1 – GOL DE BRUNO HENRIQUE PARA OS VISITANTES – NÃO FOI FIEL AO DOMÍNIO DO FLAMENGO, QUE TEVE TRÊS GOLS ANULADOS.

O FLAMENGO FOI MELHOR E MERECIA A VITÓRIA. FIZEMOS QUATRO, MAS SÓ VALEU UM.

MARACANÃ, 23 DE OUTUBRO DE 2019. ESTÁDIO LOTADO PARA A SEMIFINAL DA LIBERTADORES, COM O PACTO FIRMADO EM MOSAICO: PELA COPA, TORCIDA E JOGADORES IRIAM JUNTOS ATÉ O FIM.

O JOGO ACONTECIA NA MESMA DATA EM QUE, 38 ANOS ANTES, ZICO E COMPANHIA ASSEGURAVAM A VAGA NA FINAL CONTINENTAL CONTRA O COBRELOA, AO BATER O DEPORTIVO CALI POR 3 X 0.

OLÊ, OLÊ, OLÊ, OLÊ... MISTER, MISTER...

O GRÊMIO HAVIA ESCAPADO DE UMA GOLEADA EM PORTO ALEGRE, E SEGUROU O QUANTO FOI POSSÍVEL O ÍMPETO RUBRO-NEGRO, MAS NO FINAL DO PRIMEIRO TEMPO, GABIGOL RECEBEU DE BRUNO HENRIQUE E CHUTOU CRUZADO.

O GOLEIRO DEU REBOTE E BRUNO HENRIQUE ENTROU PARA EMPURRAR A BOLA PARA A REDE.

UMA ONDA DE LOUCURA TOMOU CONTA DO MARACANÃ. BRUNO HENRIQUE SALTOU NA DIREÇÃO DA TORCIDA, INTEGRANDO-SE À SANTA E IRREVERSÍVEL EUFORIA FLAMENGA.

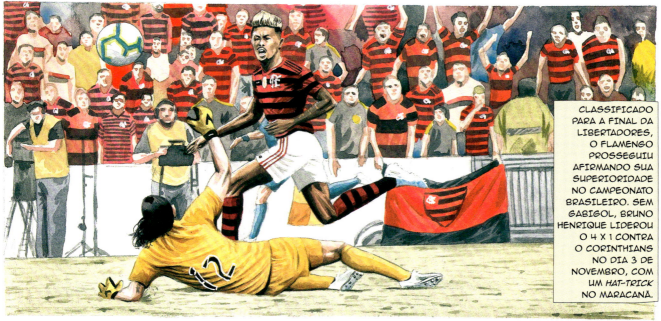

CLASSIFICADO PARA A FINAL DA LIBERTADORES, O FLAMENGO PROSSEGUIU AFIRMANDO SUA SUPERIORIDADE NO CAMPEONATO BRASILEIRO. SEM GABIGOL, BRUNO HENRIQUE LIDEROU O 4 X 1 CONTRA O CORINTHIANS NO DIA 3 DE NOVEMBRO, COM UM *HAT-TRICK* NO MARACANÃ.

NA NOITE DE 7 DE NOVEMBRO, NO ENGENHÃO, LINCOLN FEZ O ÚNICO GOL DO JOGO NOS INSTANTES FINAIS, E COMEMOROU A VITÓRIA COM GABIGOL, QUE TREMULOU A BANDEIRA DA TORCIDA URUBUZADA.

129

TRÊS DIAS DEPOIS, NO MARACANÃ, O FLAMENGO FOI PARA O INTERVALO PERDENDO PARA O BAHIA, MAS, NA ETAPA FINAL, UMA ATUAÇÃO ARREBATADORA: REINIER EMPATOU, BRUNO HENRIQUE VIROU E GABIGOL FECHOU O 3 X 1. JÁ SE OUVIAM OS GRITOS DE HEPTACAMPEÃO.

DURANTE ALGUNS INSTANTES, A INCREDULIDADE DISPUTOU ESPAÇO COM A EUFORIA. ERA PRECISO FECHAR OS OLHOS PARA ENTENDER QUE ERA TUDO VERDADE.

MARILIA, ESPOSA DE ÉVERTON RIBEIRO, ANDAVA PELO GRAMADO COMO A PROCURAR A MATERIALIDADE QUE PROVASSE QUE AQUILO NÃO ERA UM SONHO.

QUEM PISAVA AQUELE CHÃO, DO PRESIDENTE AOS TORCEDORES, SABIA QUE PISAVA O SUOR SAGRADO DO SECULAR AMOR RUBRO-NEGRO.

DE 2019 PARA A ETERNIDADE, COM AMOR.

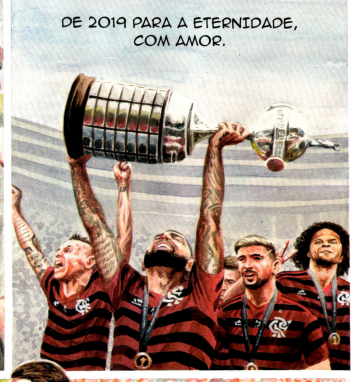

AO CAIR DA NOITE, MARILIA SOUBE QUE NÃO ERA UM SONHO. ERA O AMOR PLENO. O AMOR DA TORCIDA QUE ELA HAVIA SENTIDO EM FORMA DE ORAÇÃO, ESTAVA ALI, NO GRAMADO. SIM, TUDO FAZIA SENTIDO. O AMOR SEMPRE VENCE E O FLAMENGO ERA O CAMPEÃO DO CONTINENTE.

SOB O COMANDO DE GUSTAVO DE CONTI, O BASQUETE RUBRO-NEGRO VOLTOU A REINAR NO CONTINENTE, CONQUISTANDO A CHAMPIONS LEAGUE AMERICAS 2020/21, COM OITO VITÓRIAS EM OITO JOGOS.

NA DECISÃO, NO DIA 13 DE ABRIL DE 2021, O FLAMENGO CALOU O GINÁSIO EM MANÁGUA, BATENDO O REAL ESTELÍ POR 80 X 84. O ARMADOR YAGO FOI GIGANTE NOS MOMENTOS CRUCIAIS.

OLIVINHA, O DEUS DA RAÇA, ERGUEU MAIS UM TROFÉU NO DIA 27 DE MAIO DAQUELE ANO. AO SUPERAR O SÃO PAULO POR 93 X 85, O ORGULHO DA NAÇÃO BOTOU MAIS UM NBB NA COLEÇÃO, O OITAVO TÍTULO DE CAMPEÃO NACIONAL.

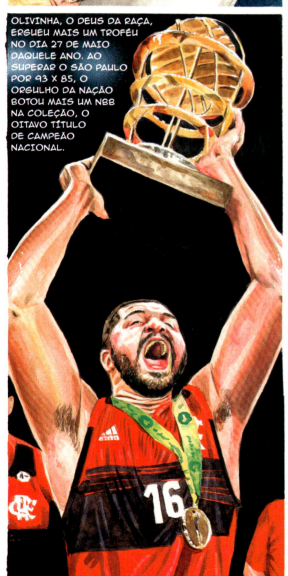

NO DIA 11 DE FEVEREIRO DE 2022, NO CAIRO, O FLAMENGO DE FRANCO BALBI SUPEROU OS NORTE-AMERICANOS DO LAKELAND MAGIC NA SEMIFINAL DA COPA INTERCONTINENTAL, POR 94 X 71.

DOIS DIAS DEPOIS, O HASSAN MOUSTAFA SPORTS HALL SE TORNOU O PALCO DE MAIS UM TÍTULO MUNDIAL RUBRO-NEGRO. A VITÓRIA POR 75 X 62 DIANTE DO SAN PABLO BURGOS, DA ESPANHA, TORNOU O FLAMENGO O ÚNICO CLUBE BRASILEIRO BICAMPEÃO MUNDIAL DE BASQUETE.

JÁ GLORIOSO NO BASQUETE, O ANO DE 2022 COMEÇOU A ENTRAR PARA A HISTÓRIA TAMBÉM NO FUTEBOL COM A CHEGADA DE DORIVAL JÚNIOR, EM JUNHO.

COM FOCO NAS COPAS, O TIME CRESCEU A PARTIR DA VITÓRIA POR 2 X 0 CONTRA O ATLÉTICO MINEIRO EM 13 DE JULHO, NO MARACANÃ, REVERTENDO O REVÉS NO MINEIRÃO. O JOGO DO INFERNO.

SANTOS, RODINEI, LÉO PEREIRA, DAVID LUIZ E FILIPE LUÍS; JOÃO GOMES, THIAGO MAIA, ARRASCAETA E EVERTON RIBEIRO; GABI E PEDRO. COM AS ENTRADAS FREQUENTES DE AYRTON LUCAS E VIDAL, ESSA FORMAÇÃO FOI ARRASADORA NA COPA DO BRASIL E NA LIBERTADORES, ATÉ AS SEMIFINAIS.

NA LIBERTADORES, O 2 X 0 NO CORINTHIANS E O 4 X 0 NO VÉLEZ, AMBOS OS TRIUNFOS FORA DE CASA, FORAM ATUAÇÕES PRÓXIMAS DA PERFEIÇÃO. TAMBÉM EM CAMPO INIMIGO, NA COPA DO BRASIL, 1 X 0 NO ATHLETICO E 3 X 1 NO SÃO PAULO. O FLAMENGO MAIS COPEIRO DA HISTÓRIA.

MAS FALTAVAM AS FINAIS. E AS COPAS SERIAM DECIDIDAS EM UM INTERVALO DE DEZ DIAS.

REFERÊNCIAS BIBLIOGRÁFICAS

JORNAIS E REVISTAS

ABC (Espanha)
Correio Braziliense (DF)
Daily Mirror (Inglaterra)
Deporte Total (Chile)
El Gráfico (Argentina)
Mundo Deportivo (Espanha)
El País (Uruguai)
Estadio (Chile)
Folha de São Paulo (SP)
France Football (França)
Jornal do Brasil (RJ)
Jornal dos Sports (RJ)
La Gazzetta dello Sport (Itália)
La Nación (Chile)
Lance! (RJ)
La Stampa (Itália)
La Vanguardia (Espanha)
Liverpool Echo (Inglaterra)
O Cruzeiro (RJ)
O Dia (RJ)
O Estado de S. Paulo (SP)
O Fluminense (RJ)
O Globo (RJ)
Pioneiro (RS)
Manchete (RJ)
Manchete Esportiva (RJ)
Placar (SP)
Veja (SP)
Última Hora (RJ)
Unión (Bolívia)
Weekend Echo (Inglaterra)
World Soccer (Inglaterra)
Zero Hora (RS)

LIVROS

ARNOS, Renato Zanata. Adílio: camisa 8 da Nação. Rio de Janeiro: iVentura, 2013.

ASSAF, Roberto. Consagrado no gramado: a história dos 110 anos do futebol do Flamengo. Rio de Janeiro: Digitaliza, 2022.

_____. Seja no mar, seja na terra: 125 anos de histórias. Rio de Janeiro: Edição do autor, 2019.

ASSAF, Roberto. MARTINS, Clóvis. Campeonato Carioca: 96 anos de história. Rio de Janeiro: Irradiação Cultural, 2007.

ASSAF, Roberto. GARCIA, Roger. Grandes jogos do Flamengo: da fundação ao hexa. Barueri: Panini, 2010.

CARDOSO, Pablo Duarte. 1987: a história definitiva. Rio de Janeiro: Maquinária, 2017.

CARVALHO, Joaquim Vaz de. Flamengo, uma emoção inesquecível. Rio de Janeiro: Relume Dumará, 1995.

CASTRO, Ruy. Flamengo: o vermelho e o negro. Rio de Janeiro: Ediouro, 2004.

COIMBRA, Arthur Antunes. Zico conta a sua história. Rio de Janeiro: FTD, 1996.

COUTINHO, Edilberto. Nação Rubro-Negra. Rio de Janeiro: Fundação Nestlé de Cultura, 1990.

_____. Zelins, Flamengo até morrer. Rio de Janeiro: Edição do autor, 1994.

CRUZ, Cláudio. AQUINO, Wilson. Acima de tudo rubro-negro: o álbum de Jayme de Carvalho. Rio de Janeiro: Edição dos autores, 2007.

DUARTE, Gustavo. Deixou chegar: a Copa Mercosul 1999. Rio de Janeiro: Edição do Autor, 2019.

GAMA JUNIOR, Leovegildo Lins. Minha paixão pelo futebol. Rio de Janeiro: Rocco, 2010.

MALACHINE, Ana Carolina Rodrigues. Manto Sagrado! A evolução do design do uniforme de futebol do Flamengo. Rio de Janeiro: Livros de Futebol, 2021.

MONSANTO, Eduardo. A virada: milagre em Lima. São Paulo: Panda Books, 2020.

NOGUEIRA, Renato. Raul Plassmann: histórias de um goleiro. Rio de Janeiro: Vintedois, 2021.

VAQUEIRO, Arturo de Oliveira Vaz. Acima de tudo rubro-negro: a história do Clube de Regatas do Flamengo. Rio de Janeiro: World Press, 2004.

SITES
http://flamantosagrado.com/
https://flamengoalternativo.wordpress.com/
https://museuflamengo.com/
https://flaestatistica.com/
https://republicapazeamor.com.br/site/
https://mundorubronegro.com/
https://bndigital.bn.gov.br/
https://arquivonacional.gov.br/
https://www.flamengo.com.br/

PERFIS DO TWITTER (X)
@1981antigo
@_malachine
@BLucenaRN
@butter_david
@denyspresman
@FlaAlternativo
@flahistoria
@museuflamengo
@Musicaflamenga

CONSELHO DIRETOR

Presidente	Luiz Rodolfo Landim Machado
Vice-Presidente Geral e Jurídico	Rodrigo Villaça Dunshee de Abranches
Vice-Presidente de Comunicação e Marketing	Gustavo Carvalho de Oliveira
Vice-Presidente de Consulados e Embaixadas	Eduardo de Sousa
Vice-Presidente de Futebol de Base	Vitor Zanelli Bastos Albuquerque
Vice-Presidente de Esportes Olímpicos	Deborah Frochtengarten
Vice-Presidente de Finanças	Demian Fiocca
Vice-Presidente do Fla-Gávea	Getúlio Brasil Nunes
Vice-Presidente de Futebol	Marcos Teixeira Braz
Vice-Presidente de Gabinete da Presidência	Diogo Lemos
Vice-Presidente de Patrimônio	Marcos Bodin
Vice-Presidente de Patrimônio Histórico	Pierre Alex Domiciano Batista
Vice-Presidente de Planejamento	Bernardo Amaral do Amaral
Vice-Presidente de Relações Externas	Gony Arruda
Vice-Presidente de Remo	Raul Bagattini
Vice-Presidente de Responsabilidade Social e Cidadania	Kátia Santos de Alencar Alonso
Vice-Presidente de Secretaria	Alan Flavio da Fonseca Geraldo
Vice-Presidente de Tecnologia da Informação	Alexandre de Souza Pinto

DIRETORES EXECUTIVOS

Diretor Geral	Reinaldo Belotti
Diretor de Relacionamentos Governamentais	Aleksander Silvino dos Santos
Diretor Jurídico	Antonio Panza
Diretor de Comunicação	Bernardo Monteiro
Diretor Corporativo	Billy Pinheiro
Diretor de Futebol Profissional	Bruno Spindel
Diretor Financeiro	Fernando Goes
Diretora dos Conselhos	Francisca Freire
Diretor do CT	Leandro Leme Junior
Diretor Fla-Gávea	Luiz Paulo Junqueira Segond
Diretor Esportes Olímpicos	Marcelo Vido
Diretor de Marketing	Marcos Senna Motta

DIRETORES ESTATUTÁRIOS

Diretora de Responsabilidade Social — Angela Rollemberg Santana Landim Machado

Diretor de Relações Externas — Eduardo Gomes de Almeida Araujo

Diretor de Relações Institucionais — Luis Claudio Cotta

ASSEMBLEIA GERAL

Presidente — Carlos Henrique Fernandes dos Santos

Vice-presidente — Gustavo Gomes Fernandes

Secretário — Adolpho Neto Figueiredo Pereira

CONSELHO DELIBERATIVO

Presidente — Antonio Alcides Pinheiro da Silva Freire

Vice-presidente — Fábio Domingos da Costa

Secretário — Paulo Cezar da Costa Mattos Ribeiro

CONSELHO DE ADMINISTRAÇÃO

Presidente — Luiz Eduardo Baptista Pinto da Rocha

Vice-presidente — Emílio de Mattos Habibe

Secretário — Eduardo Bezerra de Menezes Carreirão da Silva

Secretário — Brunno Ribeiro Lorenzoni

CONSELHO DE GRANDES-BENEMÉRITOS

Presidente — Marcelo Antero de Carvalho

Vice-presidente — Sidney Marcello

Secretário — Tulio Cristiano Machado Rodrigues

CONSELHO FISCAL

Presidente — Sebastião Pedrazzi

Vice-presidente — José Pires da Costa Filho

Secretário — Henrique de Azevedo Ávila

Editora Onze Cultural

Publisher Marco Piovan
Roteirista Mauricio Neves de Jesus
Ilustrador Renato Dalmaso
Editor de Arte Dalton Flemming
Leitura Crítica Bruno Lucena (in memoriam)
Celso Júnior
Denys Presman
Eduardo Vinicius de Souza (in memoriam)
Emmanuel do Valle
Paulo Tinoco
Comunicação e Marketing João Piovan
Revisor César dos Reis

Editora VR

Diretora Geral Sevani Matos
Produtor Gráfico Alexandre Magno
Impressão Gráfica Santa Marta

○ 11CULTURAL   WWW.ONZECULTURAL.COM.BR
○ ♪ ○ vreditorabr   www.vreditora.com.br

Dados Internacionais de Catalogação na Publicação (CIP)
(Câmara Brasileira do Livro, SP, Brasil)

```
Jesus, Mauricio Neves de
   Me arrebata : epopeias rubro-negras :
1980-2022 / Mauricio Neves de Jesus ; [ilustração]
Renato Dalmaso. -- São Paulo : Onze Cultural, 2024.
-- (Me arrebata ; v. 3)

   ISBN 978-65-86818-28-4

   1. Flamengo 2. Histórias em quadrinhos
I. Dalmaso, Renato. II. Título. III. Série.

24-216941                              CDD-741.5
```

Índices para catálogo sistemático:

1. Histórias em quadrinhos   741.5

Tábata Alves da Silva - Bibliotecária - CRB-8/9253